广东省、广州市教学成果培育项目

“知行合一，多方协同：体育人才培养模式创新与实践”

（2024111556）、（2023127808）成果

体育人才培养路径研究

黄小娟　著

文化发展出版社
Cultural Development Press
·北京·

图书在版编目（CIP）数据

体育人才培养路径研究 / 黄小娟著. -- 北京 : 文化发展出版社, 2025. 8. -- ISBN 978-7-5142-4669-8

Ⅰ. G812

中国国家版本馆CIP数据核字第202558G6G6号

体育人才培养路径研究

黄小娟　著

责任编辑：李　毅　韦思卓　　　　责任校对：侯　娜

责任印制：邓辉明　　　　　　　　封面设计：盟诺文化

出版发行：文化发展出版社（北京市翠微路2号 邮编：100036）

发行电话：010－88275993　010－88275710

网　　址：www.wenhuafazhan.com

经　　销：全国新华书店

印　　刷：北京佳益兴彩印有限公司

开　　本：710mm×1000mm　1/16

字　　数：208千字

印　　张：13

版　　次：2025年8月第1版

印　　次：2025年8月第1次印刷

定　　价：68.00元

I S B N：978－7－5142－4669－8

◆ 如有印装质量问题，请电话联系：18632658752

目　录
CONTENTS

第一章　体育人才培养背景与意义 ………… 1

一、体育人才培养背景 ………… 1

（一）国家大力发展职业教育，探索立德树人路径 ………… 2

（二）开展全民健身计划，急需高层次体育人才 ………… 2

（三）教育高质量发展对体育教育提出新要求 ………… 3

（四）教育高质量发展背景下体育人才新要求 ………… 4

二、体育人才培养的现实意义 ………… 4

（一）培养社会需求的体育人才 ………… 4

（二）推动体育产业发展 ………… 5

（三）增强国家综合国力 ………… 5

（四）促进体育文化传承 ………… 5

（五）服务群众健康生活 ………… 5

（六）推动体育教育改革 ………… 5

（七）提高学校整体教育质量 ………… 6

（八）促进学生发展 ………… 7

第二章　体育人才培养现状与对策研究 ………… 11

一、体育人才培养的概述 ………… 11

二、体育人才培养的问题 …… 12
（一）体育人才培养模式的不足 …… 12
（二）体育教育资源的匮乏 …… 13
（三）体育师资队伍的问题 …… 13
（四）现行体育课程不够全面、系统 …… 15
（五）学校体育设施不足 …… 16
三、体育人才培养的影响因素 …… 18
（一）政策环境 …… 18
（二）社会认知 …… 19
（三）学校条件 …… 19
四、体育人才培养的挑战 …… 20
五、体育人才培养的发展趋势 …… 21
（一）体育教学模式的创新 …… 21
（二）职业体育课程体系的优化 …… 22
（三）体育师资队伍建设的前景 …… 22
六、体育人才培养的国际比较 …… 24
（一）国外体育人才培养经验总结 …… 24
（二）国际体育人才培养的借鉴与启示 …… 25
（三）我国在国际比较中的优势与不足 …… 26
七、体育人才培养对策建议 …… 26
（一）体育教育教学改革 …… 26
（二）体育教育资源整合 …… 27
（三）体育师资队伍建设推进 …… 28
（四）优化体育教育课程 …… 29
（五）拓宽学生体育选项 …… 29
八、体育人才培养政策分析 …… 30
（一）国家体育人才培养政策概述 …… 30

（二）区域体育人才培养政策比较 …… 31

第三章 体育人才培养体系构建 …… 33

一、体育人才培养体系构建的理念 …… 33

（一）新时代党的创新理论 …… 33

（二）马克思的理论教育观点 …… 33

（三）陶行知教育理论 …… 34

二、体育人才培养体系构建的原则 …… 34

（一）体育教育均衡与多元化 …… 34

（二）体育教育内容的科学选择 …… 35

（三）体育教育过程的科学管理 …… 36

三、多方协同的教学平台 …… 37

（一）学校与教育部门的协同合作 …… 37

（二）学校与社会组织的协同合作 …… 38

（三）社团协同各种赛事，提高实践运用能力 …… 39

（四）专业协同课程思政，促进学科交叉融合 …… 39

（五）校校协同技术交流，提高技术技能水平 …… 39

（六）院校协同招生渠道，拓宽人才升学出路 …… 40

（七）校企协同实训基地，深化校企合作产教融合 …… 40

（八）学科协同综合发展，发展综合能力素质 …… 41

（九）升大协同考试攻关，提升高考升学质量 …… 41

（十）协同申报特色学校，提高办学水平标准 …… 41

四、体育人才培养方案 …… 41

（一）基础教学与专业培养的平衡 …… 42

（二）综合素质与专业技能的并重 …… 43

（三）个性发展与团队合作的统一 …… 44

五、培养过程融入思政教育 …… 45

（一）体育思政教育的重要性 …… 45

（二）如何将体育教育与思政教育有效结合 …… 46
（三）优化思政教育内容与方式 …… 47
六、区域体育与学校体育的有机结合 …… 48
（一）区域体育的意义与价值 …… 48
（二）区域体育资源与学校体育的结合 …… 49
（三）区域体育政策与学校体育的协同发展 …… 50
七、体育人才培养体系的评价与优化 …… 50
（一）体育人才培养体系的评价指标 …… 50
（二）评价结果的分析与应用 …… 51
（三）体育人才培养体系的优化策略 …… 52
八、体育人才培养体系的可持续发展 …… 54
（一）体育教育的可持续发展问题 …… 54
（二）学校体育教育的可持续发展策略 …… 55
（三）体育人才培养体系的可持续发展建议 …… 56

第四章　体育教学模式改革 …… 58

一、体育教学模式的现状分析 …… 58
（一）体育人才培养的背景与意义 …… 59
（二）现行体育人才培养教学模式的特点 …… 59
（三）存在的问题与挑战 …… 60
二、国内外体育人才培养教学模式的比较研究 …… 61
（一）国内体育教学模式的发展历程 …… 61
（二）国外体育教学模式的特点与经验 …… 62
（三）比较分析与借鉴 …… 62
三、体育人才培养教学模式改革的总体设计 …… 63
（一）改革目标与原则 …… 63
（二）改革内容与重点 …… 64

（三）改革路径与策略 …… 65
四、体育人才培养教学模式改革的原则与基本思路 …… 66
（一）原则 …… 66
（二）基本思路 …… 67
五、体育人才培养教学模式改革的重要举措 …… 68
（一）技术与理论教育相结合的改革措施 …… 68
（二）跨学科教学的推行与创新 …… 69
（三）实践教学环节的优化与创新 …… 70
六、体育人才培养教学模式改革的关键问题 …… 71
（一）师资队伍建设与培养 …… 71
（二）教学资源的整合与共享 …… 72
（三）学生能力评价体系的建立 …… 72
七、体育人才培养教学模式改革的实施与评价 …… 73
（一）改革措施的实施 …… 73
（二）改革的效果评价 …… 74
（三）改革的问题与展望 …… 76
第五章　体育人才培养教学改革 …… 77
一、体育人才培养教学改革概述 …… 77
（一）体育人才培养的现状分析 …… 77
（二）体育人才培养存在的问题 …… 78
二、体育人才培养的理念解析 …… 78
三、体育人才培养教学内容改革 …… 79
（一）传统体育人才培养教学内容分析 …… 79
（二）现代体育人才培养教学内容要求 …… 79
（三）体育人才培养教学内容改革的策略 …… 80
四、体育人才培养教学方法改革 …… 81

（一）传统体育人才培养教学方法分析 …… 81
（二）现代体育人才培养教学方法要求 …… 82
（三）体育人才培养教学方法改革的策略 …… 83
五、体育人才培养教学资源改革 …… 85
（一）传统体育人才培养教学资源分析 …… 86
（二）现代体育人才培养教学资源要求 …… 86
（三）体育人才培养教学资源改革的策略 …… 87
六、体育人才培养教学评价改革 …… 88
（一）传统体育人才培养教学评价分析 …… 88
（二）现代体育人才培养教学评价要求 …… 89
（三）体育人才培养教学评价改革的策略 …… 90
七、体育人才培养教学管理改革 …… 93
（一）传统体育人才培养教学管理分析 …… 94
（二）现代体育人才培养教学管理要求 …… 94
八、体育人才培养教学管理改革的策略 …… 95

第六章　体育人才培养评价体系的构建 …… 97

一、体育人才评价的背景与意义 …… 97
（一）体育人才评价的重要性 …… 97
（二）体育人才评价的现状分析 …… 98
（三）体育人才评价的研究意义 …… 99
二、国内外体育人才评价指标体系比较 …… 100
（一）国内体育人才评价指标体系概述 …… 100
（二）国外体育人才评价指标体系概述 …… 101
（三）国内外体育人才评价指标体系的差异与特点 …… 102
三、体育人才培养评价体系构建 …… 103
（一）评价体系设计方法 …… 103

（二）评价指标体系构建 …… 104
四、体育人才培养的评估方法 …… 107
（一）学生综合素质评估 …… 108
（二）体育教育资源评估 …… 109
（三）体育师资评估 …… 110
（四）企业评价 …… 111
五、体育人才培养评价方法与工具 …… 112
（一）主观评价方法及工具 …… 112
（二）客观评价方法及工具 …… 113
（三）综合评价方法及工具 …… 114
六、体育人才培养评价体系的应用与实践 …… 115
（一）体育学校教育评价 …… 115
（二）竞技体育队伍培养评价 …… 116
（三）社会体育培养评价 …… 118
七、体育人才培养评价体系的效果评估 …… 120
（一）评价体系应用效果评估 …… 120
（二）培养结果评估 …… 121
（三）评价体系改进措施 …… 122
八、体育人才培养评价体系经验启示 …… 123
（一）国内外体育人才培养实践经验 …… 123
（二）评价体系在其他领域的借鉴意义 …… 124
（三）体育人才培养评价体系的可持续发展 …… 125
九、结语 …… 126
第七章 体育人才培养校企合作研究 …… 128
一、校企合作在体育人才培养中的意义 …… 128
二、我国中等职业教育校企合作模式 …… 130

（一）订单式培养 …… 130
（二）工学结合 …… 131
（三）定岗实习 …… 131
（四）校中厂，厂中校 …… 131
（五）职业教育集团化办学 …… 132
（六）现代学徒制 …… 132
三、校企合作模式运作机制 …… 133
四、校企合作和体育教学的关系 …… 135
（一）校企合作促进体育教学的改革，对体育教学提出新的要求 …… 135
（二）体育教学对校企合作的发展所起的作用 …… 136
五、校企合作下的体育人才培养理念创新 …… 136
（一）人才培养目标的调整与定位 …… 137
（二）课程体系与教学内容的创新 …… 137
（三）教学方法与手段的改进与创新 …… 138
（四）校企合作的意义与价值 …… 139
（五）校企合作模式的选择与设计 …… 139
（六）校企合作的运行机制与管理策略 …… 140
六、体育人才培养校企合作的成果与效益 …… 142
（一）学生实习实训成果与价值体现 …… 142
（二）校企合作带来的教学与教育效益 …… 143
（三）社会经济效益的评估与分析 …… 144
七、体育人才培养校企合作的政策建议 …… 145
（一）构建共赢长效机制 …… 145
（二）政府部门支持与政策引导 …… 145
（三）加强产学研合作 …… 146
（四）创新人才培养模式 …… 146

（五）建立联合培养机制 …… 146
（六）推动政策支持 …… 146
（七）加强信息共享和交流 …… 146
（八）完善体育教学体制 …… 146
八、体育人才培养校企合作发展趋势展望 …… 147
（一）未来校企合作的发展趋势与机遇 …… 147
（二）体育人才培养领域的发展前景 …… 148
（三）校企合作模式的创新与发展 …… 149
第八章 体育人才培养案例 …… 151
一、体育人才培养的实践案例 …… 151
（一）案例一：广州市番禺区职业技术学校体育人才培养模式探索 …… 151
（二）案例二：广州市白云行知职业技术学校体育教学改革经验分享 …… 154
附：休闲体育服务于管理专业人才培养方案 …… 154
（三）案例三：广州市旅游商贸体育选项改进实践 …… 175
（四）案例四：广州市财经商贸体育人才培养实践特色案例 …… 177
二、 体育专项人才培养案例 …… 179
（一）案例一：羽毛球高水平运动员培养案例 …… 180
（二）足球高水平运动员培养案例 …… 183
（三）田径高水平运动员培养案例 …… 186
后 记 …… 189
参考文献 …… 190

第一章 体育人才培养背景与意义

一、体育人才培养背景

近年来，我国体育事业取得了举世瞩目的成就，不仅在奥运会、亚运会等国际大赛上屡创佳绩，而且全民健身运动也得到了广泛开展。这为体育人才培养提供了良好的发展环境。同时，随着经济社会的快速发展，体育产业逐渐崛起，对体育人才的需求越来越大。为了适应这一形势，国家也出台了一系列政策措施，为体育人才培养提供了有力保障。

2019 年 9 月，国务院办公厅印发的《体育强国建设纲要》强调指出，“要加强组织领导，加大政策支持力度，促进区域协调发展，加快体育人才培养和引进”。在重大工程专栏中提出了九大工程：建设体育场地设施、普及全民健身活动、促进青少年体育发展、构建国家体育训练体系、科技助力奥运、升级体育产业、建设体育文化、体育志愿服务和建设体育社会组织。政策的保障将使中国场地自行车的发展得到一个质的提升。在新时代背景下，我国社会经济持续高速发展，对各类高素质人才的需求日益扩大。为了促进体育产业的进一步发展，教育相关人员要着眼中学体育人才培养。首先，体育在中小学教育中占据了重要地位。随着社会经济的发展和人们健康意识的增强，体育在学校教育中的重要性逐渐凸显出来。其次，体育人才的培养对于国家的竞技体育发展和体育产业的兴盛具有重要意义。体育人才的培养不仅关乎国家体育事业的发展，还对于整个社会人们的身体健康和全民健身事业的推进有着深远影响。再次，中学阶段是培养体育人才的重要时期。青少年正处于身体发育的关键阶段，通过科学的体育训练和专业指导，可以有效发掘和培养潜在的体育人才。

此外，从事体育运动有助于学生培养自信心、合作精神和团队意识，对于青少年综合素质的提高和人格发展也具有积极作用。综上所述，中学体育人才培养的背景是多方面的，这需要学校、家庭和社会多方面的支持和合作，共同推动中学体育人才的培养工作取得更好的效果。

（一）国家大力发展职业教育，探索立德树人路径

2005年，国务院关于大力发展职业教育的决定（国发〔2005〕35号），要坚持以就业为导向，深化职业教育教学改革，高度重视实践和实训环节教学，加强学生的生产实习和社会实践，改革以学校和课堂为中心的传统人才培养模式。2019年《国家职业教育改革实施方案》文件中提出，大幅提升新时代职业教育现代化水平。2021年4月，《教育部关于学习宣传贯彻习近平总书记重要指示和全国职业教育大会精神的通知》，强调职业教育前途广阔，要坚持党的领导，坚持正确办学方向，坚持立德树人，优化职业教育类型定位，深化产教融合、校企合作，深入推进育人方式、办学模式、管理体制、保障机制改革，稳步发展职业本科教育，建设一批高水平职业院校和专业等。在此背景下，加强思政教育、校企合作、产教融合培养高规格人才，成为职业教育的重点，学校必须始终以“立德树人”为根本，探索“立德树人”的实现路径，创新“立德树人”的工作机制，提高“立德树人”的实际成效。

（二）开展全民健身计划，急需高层次体育人才

随着《全民健身计划（2016—2020年）》《“健康中国2030”规划纲要》等国家纲领性文件的发布，我国体育与健康领域亟须一大批高端复合型人才，从国家战略和地方需求上急需培养一部分体育专业的高层次人才。为深入贯彻党的二十大和中央人才工作会议精神，加快推进体育人才队伍建设，体育总局近日印发《体育强国建设人才规划（2023—2035年）》（以下简称《人才规划》），就2023—2035年体育人才工作进行部署。《人才规划》立足新发展阶段、贯彻新发展理念、构建新发展格局、推动高质量发展，围绕体育中心工作，主要呈现四个方面的特点：

一是坚持党管人才，提升人才工作优先级。着力加强和完善各级党组织对

人才的引进、使用、激励和保障力度，吸纳各方面优秀人才“为体所用”。

二是坚持问题导向、系统思维。根据全民健身、竞技体育、体育产业、体育文化和体育对外交往等重点领域迫切需求，前瞻性布局、全局性谋划、整体性推进，努力实现体育人才规模、质量、结构、效益相统一。

三是坚持解放思想、改革创新。充分发挥人才体制机制改革牵引作用，在人才引进、人才评价、人才激励等方面创新举措，营造尊重人才、竞争择优、待遇适当、保障有力的制度环境。

四是坚持高层次人才引领带动。聚焦人民群众对体育的更高要求，结合国际体育竞争的严峻形势，培养更多“高精尖”人才，打造支撑体育强国建设的高层次人才梯队。

（三）教育高质量发展对体育教育提出新要求

随着我国经济社会的快速发展和教育改革的深入推进，教育高质量发展成为新时代教育发展的主旋律。

体育教育作为学校教育体系中的一项重要内容，对学生的身心健康和全面发展起着重要的作用。在现代社会，体育教学已经不再仅仅是培养体育健将，更注重培养学生的团队意识、合作精神和身体素质。因此，实现体育教学的高质量发展是学校教育的重要任务之一，要有高质量发展的体育教学人才和高质量高水平的体育运动员。

首先，注重培养学生的全面素质。体育教育应该关注学生身体的发展，培养学生的身体素质，提高他们的运动能力和技巧。同时，体育教育还应该注重学生的心理素质和社交能力的培养，帮助学生建立自信、乐观和积极的心态，培养他们与他人良好的相处和合作的能力。

其次，关注学生的健康。体育教育应该注重学生的身体健康，帮助他们养成良好的生活习惯，提高他们的免疫力和抵抗力，预防疾病的发生。此外，体育教育还应该注重学生的心理健康，帮助他们缓解压力，保持积极的心态。

再次，注重学生的素养培养。体育教育应该帮助学生培养健康的竞争意识和团队合作精神，培养他们积极参与体育活动的兴趣和热情。此外，体育教育还应该注重学生的道德教育，培养他们的公平、诚实和团结等良好品德。

体育教育不仅是帮助学生健康成长，还能培养学生的身心素质和品德修养，提高他们的综合素养和生活质量。

（四）教育高质量发展背景下体育人才新要求

1. 全面素质培养

体育人才应具备较高的专业技能和身体素质，同时需关注其道德品质、心理素质、团队协作等方面的培养。全面素质的提高有助于体育人才在竞技场上取得优异成绩，并为我国体育事业做出更大贡献。

2. 创新能力培养

在教育高质量发展背景下，体育人才应具备较强的创新能力。通过不断学习、实践和总结经验，提高在体育领域的创新能力和竞争力。创新能力培养有助于体育人才适应新时代的发展需求，为我国体育事业的可持续发展提供支持。

3. 跨学科知识掌握

体育人才应具备跨学科的知识结构，掌握一定的体育理论知识、技能和方法。此外，还应关注与其他学科的融合，如医学、心理学、生物学等，提高在体育领域的综合素质。

4. 国际化视野

随着全球化的发展，体育事业日益国际化。体育人才应具备国际化视野，关注国际体育发展趋势和前沿动态。通过参与国际交流、竞赛和合作项目，提高自身在国际体育舞台上的竞争力和影响力。

5. 社会责任感

体育人才应具备强烈的社会责任感，关心国家和社会的发展，积极参与公益体育活动，传播体育文化，为我国体育事业的繁荣做出贡献。

二、体育人才培养的现实意义

（一）培养社会需求的体育人才

体育人才培养的现实意义之一在于满足社会对体育人才的需求。随着体育事业的蓬勃发展，社会对优秀的体育人才需求日益增加。作为培养体育人才的重要阵地，其培养的学生具备专业技能和素质，能够有效地满足社会对体育人才的需求，为体育事业的发展做出积极贡献。

（二）推动体育产业发展

体育人才培养的现实意义还体现在推动体育产业的发展。体育产业作为一个新兴产业，对高素质、专业化的体育人才需求迫切。培养的体育人才具备专业技能和市场适应能力，能够为体育产业输送人才，推动体育产业的健康发展，促进经济增长和就业机会的增加。

（三）增强国家综合国力

体育人才培养的现实意义还在于增强国家的综合国力。优秀的体育人才是国家体育事业发展的重要支撑，他们在国际体育赛事中取得优异成绩，不仅能够提升国家的国际影响力，还能够增强国家的综合国力。体育人才需具备较强的国际竞争力和综合素质，能够为国家赢得荣誉，增强国家凝聚力和向心力。

（四）促进体育文化传承

体育人才培养的现实意义还在于促进体育文化的传承。体育作为一种文化符号，承载着民族精神和文化传统。培养的体育人才需具备专业技能，还具有文化自信和传统文化的传承意识，能够积极传承和弘扬体育文化，促进体育文化的繁荣和发展，为国家文化软实力的提升做出贡献。

（五）服务群众健康生活

体育人才培养的现实意义还在于服务群众的健康生活。随着人民生活水平的提高，人们对体育健身的需求日益增长。培养的体育人才需具备丰富的专业知识和实践经验，能够为社会提供优质的体育健身服务，促进群众健康生活方式的普及和提升，有利于构建健康中国战略，提高全民健康水平。

（六）推动体育教育改革

体育人才培养的现实意义还在于推动体育教育的改革。体育教育是培养国家未来体育人才的重要途径，培养的体育人才在教学实践中积累了丰富的经验和教学方法，能够为体育教育的改革提供有益的探索和实践，促进体育教育的优质发展和创新。

（七）提高学校整体教育质量

提高学校整体教育质量是体育人才培养的重要目标之一。通过体育人才培养，可以为学校教育质量提供多方面的支持和促进。首先，体育人才培养可以提升学校整体教育水平。体育作为学校教育的重要组成部分，具有独特的教育功能和价值。通过体育课程的开展和体育人才的培养，可以丰富学校的教育内容，增加学生的学习兴趣和参与度。此外，体育人才培养还可以提高学校教育的多元性和综合性。体育是一门综合性的学科，它不仅包含了体育知识和技能的学习，还包括了体育精神和体育道德的培养。通过体育人才培养，学校可以培养学生的多元能力和综合素质，为学生的全面发展提供有力支持。

体育人才培养可以促进学校学生的身心健康教育。

随着社会的发展和教育理念的更新，身心健康教育已经成为学校教育的重要内容。体育作为一种身体活动形式，可以帮助学生强身健体，提高身体素质。通过体育人才培养，学校可以加强对学生的身体健康教育，培养学生的健康意识和健康习惯。此外，体育人才培养还可以促进学生的心理健康教育。体育活动可以帮助学生释放压力，增强自信心，培养团队合作精神。通过体育人才培养，学校可以为学生提供一个全面的身心健康教育平台，促进学生的全面发展。

体育人才培养可以提升学校教育的社会影响力。

体育作为一项全民运动，具有广泛的社会影响力。通过体育人才培养，学校可以培养具有社会责任感和社会参与能力的学生，为社会健康发展做出贡献。同时，通过体育人才培养，学校可以提高学校在社会中的声誉和地位，增强学校的社会影响力。体育人才培养不仅可以为学生的个人发展提供支持，还可以为社会的发展做出贡献，增强学校的社会责任感和社会影响力。

提高学校整体教育质量是体育人才培养的重要目标之一。为了实现这一目标，学校需要加强对体育人才培养的重视，改革教学内容，完善师资队伍，提供良好的体育教育环境，培养学生的体育素养和综合素质。

（八）促进学生发展

1. 培养学生健全的身体素质

培养健全的身体素质是中学体育人才培养的重要任务之一。身体素质是指个体在运动和日常生活中所表现出来的身体能力和适应能力的总和。它包括了身体机能、运动技能、身体形态和身体健康等多个方面。培养健全的身体素质对于学生的全面发展和终身健康具有重要意义。

培养学生健全的身体素质有助于提高学生的学业成绩。研究表明，身体素质与学业成绩之间存在着密切的关联。通过体育锻炼，可以提高学生的注意力、记忆力和思维能力，增强学生的学习动力和学习能力。此外，良好的身体素质也可以提高学生的自信心和自尊心，有助于学生更加积极主动地参与学习活动。

培养健全的身体素质有助于促进学生的身心健康。现代社会，由于学业压力和生活压力的增加，学生面临着各种身心健康问题。而体育锻炼作为一种身心调节的方式，可以帮助学生释放压力，缓解焦虑和抑郁情绪，增强心理素质。同时，体育锻炼还可以增强学生的抵抗力，预防疾病的发生，提高学生的免疫力。

此外，培养学生健全的身体素质还有助于提升学生的综合素质。身体素质是学生综合素质的重要组成部分。通过体育锻炼，可以培养学生的团队合作精神、竞争意识和创新能力，提高学生的社交能力和沟通能力。体育活动还可以培养学生的意志品质，锻炼学生的毅力和坚持力，培养学生的责任感和奉献精神。

2. 促进学生全面发展

促进学生全面发展是中学体育人才培养的重要目标之一。全面发展使学生能够在身心、智力、情感、社会等多个方面得到全面的提升和发展，从而更好地适应社会发展的需求。体育作为一种全面发展的手段和途径，对学生的全面发展具有重要的促进作用。

（1）促进学生身体健康的全面发展。通过参与体育活动，学生能够锻炼身体，增强体质，提高身体素质。体育锻炼可以促进学生的身体循环系统、呼吸系统、消化系统等器官的发育和功能的改善，增强学生的抵抗力，预防和减少疾病的发生。此外，体育还可以培养学生的运动技能，提高学生的协调能力、灵敏性和反应能力，使其具备良好的身体素质和运动能力。

（2）促进学生心理健康的全面发展。体育活动可以缓解学生的压力，减轻学习和生活的负担，促进学生的情绪平衡和心理健康。体育活动可以增强学生的自信心和自尊心，培养学生的团队合作意识和集体荣誉感，提高学生的社交能力和人际交往能力。体育活动还可以培养学生的毅力和坚韧性，锻炼学生的意志品质，帮助学生积极面对困难和挑战。

（3）促进学生智力发展的全面提升。体育活动可以激发学生的学习兴趣，提高学习动力，促进学生的学习效果和学习成绩的提高。体育活动可以通过培养学生的观察力、思维能力、判断力和分析能力，促进学生的思维发展和智力开发。体育活动还可以培养学生的创造力和创新意识，激发学生的想象力和创造力，促进学生的创新能力和创新素质的培养。

（4）体育可以促进学生社会发展的全面提升。体育活动可以培养学生的团队合作意识和协作能力、组织能力和领导能力、团队协作精神和集体荣誉感。体育活动可以通过比赛和交流，增强学生的竞争意识、竞争能力、胜负意识和胜负心理。体育活动还可以培养学生的社会责任感和社会参与意识，引导学生积极参与社会公益活动，培养学生的社会价值观和社会责任感。

3. 培养学生的协作意识和团队精神

学生的协作意识和团队精神是体育人才培养中非常重要的一个方面。协作意识和团队精神是指学生在团队合作中能够积极参与、相互合作、互相支持的意识和态度。

（1）有助于提高学生的团队合作能力。在团队合作中，学生需要与他人进行有效的沟通和协调，共同完成任务。通过与他人的合作，学生可以学会倾听和理解他人的观点，学会相互合作和互相支持，从而提高团队合作的能力。而团队合作能力是学生在未来工作和生活中必不可少的能力之一，通过体育课程的团队合作训练，可以帮助学生更好地适应社会的发展需求。

（2）有助于促进学生的个人发展。在团队合作中，学生可以通过与他人的合作来学习他人的长处和优点，从而不断完善自己。同时，学生还可以通过与他人的合作来发现自己的不足之处，并积极改正。通过团队合作，学生可以发展自己的领导能力、组织能力、沟通能力等，从而全面提升自己的个人素质。

（3）对于学生的综合素质提升也具有重要意义。团队合作是一种协同学习的方式，学生可以通过与他人的合作共同解决问题、共同取得成果，来发展自己的创新能力、解决问题的能力等，从而提高学生的综合素质。

4. 塑造学生的意志品质和积极心态

体育人才培养的作用之一就是塑造学生的意志品质和积极心态。意志品质是指个体在追求目标过程中所表现出的坚持、毅力和决心等特质，而积极心态则是指个体对待学习和挑战的积极态度和乐观情绪。在体育人才培养中，塑造学生的意志品质和积极心态具有以下几个方面的作用。

（1）有助于提高学生的学习动力和自我激励能力。在体育训练和比赛中，学生需要付出辛勤的努力和持续地坚持，这对于培养学生的学习动力和自我激励能力非常重要。通过坚持不懈的训练和比赛，学生可以逐渐培养起不畏困难、勇于追求目标的意志品质，同时也能够培养出积极乐观的心态，从而在学习和生活中保持积极向上的动力和态度。

（2）有助于培养学生的坚韧性和抗挫折能力。在体育训练和比赛中，学生常常会遇到各种挑战和困难，例如技术不够熟练、体能不足、对手强大等。这些困难和挑战需要学生具备坚韧性和抗挫折能力，才能够克服困难，取得进步。通过体育训练和比赛的过程，学生可以逐渐培养起不怕失败、勇往直前的意志品质，同时也能够培养出积极应对困难、克服挫折的心态，从而在面对生活中的各种挑战时能够保持坚定和乐观。

（3）有助于提升学生的自信心和自尊心。在体育训练和比赛中，学生通过不断地努力和进步，逐渐培养起对自己能力的认知和自信心。同时，体育训练和比赛也是一个展示个人才华和实力的舞台，学生在这个过程中获得的成就感和肯定感可以增强他们的自尊心。通过培养学生的意志品质和积极心态，可以让学生更加自信、自尊，从而更好地面对挑战和困难。

（4）有助于培养学生的领导能力和团队合作精神。在体育训练和比赛中，学生需要学会自我激励和自我管理，同时也需要学会与队友合作和协作。通过培养学生的意志品质和积极心态，可以让学生在集体活动中充分发挥自己的领导才能，同时也能够培养学生的团队合作精神，使他们能够在集体中发挥自己的作用，并且能够与他人和谐相处。

5. 培养学生的竞争意识和适应能力

培养学生的竞争意识和适应能力是体育人才培养中的重要任务之一。竞争意识是指学生在竞争中保持积极主动的态度和强烈的竞争意愿，以及对竞争的认识和理解。适应能力是指学生在不同的竞争环境中，能够灵活应对和适应变化，以达到最佳竞争状态的能力。

（1）有助于激发他们的学习动力和进取心。竞争是一种促使学生不断进步和提高的动力因素，通过参与竞争，学生能够感受到来自同伴和对手的压力，从而激发他们的学习热情和进取心，促使他们努力提高自己的能力和水平。

（2）有助于提高他们的综合素质和能力。竞争要求学生全方位地发展，不仅需要学生具备优秀的体育技能，还需要他们具备良好的心理素质、协作能力、领导能力等。通过竞争，学生能够不断挑战自我，克服困难，培养自信心和坚持到底的毅力，从而提高他们的综合素质和能力。

（3）有助于提高他们的创新能力和创造力。在竞争中，学生需要不断思考和探索新的方法和策略，以获得竞争的优势。竞争能够激发学生的创新思维和创造力，培养他们解决问题的能力和创新精神，使他们能够在竞争中脱颖而出，取得更好的成绩和表现。

竞争环境和教学要求的不断变化给学生带来了各种挑战和困难，只有具备良好的适应能力，学生才能够及时调整自己的策略和方法，以应对各种情况，保持竞争的优势。

第二章 体育人才培养现状与对策研究

在当前社会背景下，体育人才培养的重要性日益凸显。随着体育产业的快速发展，对高素质、专业化的体育人才需求不断增加，而作为培养体育人才的重要阵地，其在体育人才培养中的地位和作用日益凸显。然而，当前体育人才培养仍然面临诸多困难和挑战。首先，师资力量不足，导致教学质量参差不齐，难以满足社会对高水平体育人才的需求。其次，培养模式滞后，无法适应当今社会对体育人才的多样化需求，学校教学与社会要求脱节，学生实际能力与市场需求不匹配。此外，体育人才培养的评估方法也亟待改进，现有评估指标体系无法全面客观地评价学校的培养成效。因此，针对这些问题，有必要进行深入研究，提出切实可行的对策，促进体育人才培养工作的持续健康发展。

一、体育人才培养的概述

体育人才培养过程，是指为实现培养目的，对体育人才实施的培养活动的过程，它决定着体育人才培养是否成功，人才质量是否合格。具体来看，培养过程包括培养方案以及培养措施。培养方案，指为实现一定的人才培养目标制定的一系列静态的培养计划和措施。它是人才培养的规划和计划，包括专业人才培养目标定位、课程设置、教学大纲、教学计划等；培养措施，指为实现人才培养目标，按照培养方案要求，采用的一系列方法、手段和途径的总称，它能确保培养方案的具体落实，主要包括课堂和实践教学等。

在当前社会背景下，体育人才培养作为一项重要任务，其意义和价值日益凸显。体育人才培养旨在培养适应社会需求、具备专业素养和实践能力的体育人才，以满足体育产业和体育事业发展的需求。在这一背景下，体育人才培养的概述显得尤为重要。

体育人才培养的概述需要对目前的培养模式和体系进行全面剖析。目前，体育人才培养的模式主要包括专业课程教学、实践能力培养和体育技能训练。这一培养模式在一定程度上满足了体育人才的需求，但也存在着师资力量不足、培养课程设置滞后等问题，需要进一步优化和完善。

体育人才培养的概述还需要关注培养目标和培养内容的设定。体育人才培养的目标应当是培养学生具备扎实的专业基础知识、丰富的实践经验和创新能力，以及团队协作和领导能力。培养内容应当包括专业知识教学、实践技能培养、体育赛事组织和管理等方面，全面提升学生的综合素质和竞争力。

此外，还需要关注教学方法和评估体系的建设。教学方法应当注重理论与实践相结合，注重学生个性发展，采用多元化的教学手段和方式，激发学生的学习兴趣和潜能。评估体系应当科学合理，包括考试评价、实践能力评价、综合素质评价等多方面指标，全面客观地评价学生的学习成果和能力水平。

二、体育人才培养的问题

体育人才培养是当前教育体制中备受关注的重要议题。然而，在实践中，我们不难发现体育人才培养存在着诸多问题。首先，体育人才培养模式的不足，体育教育资源的匮乏，体育课程存在不够全面、系统的情况，体育教师队伍也存在着一定的问题，包括教学水平参差不齐、教学理念相对陈旧等，学校体育设施不足的现状也限制了中学体育人才培养的发展，影响了学生参与体育活动的积极性和体育素养的全面提升，以上这些问题给人才培养带来了诸多挑战。

（一）体育人才培养模式的不足

体育人才培养模式存在一些不足之处，主要表现在以下几个方面。

过分注重理论知识的传授，忽视了实践能力的培养。这导致学生在实际运用所学知识时出现了困难，缺乏实际操作的技能。课程设置存在单一化和僵化的问题，缺乏多样化和灵活性。学生在学习过程中缺乏对不同领域和岗位的了解与体验，限制了他们的综合素质和竞争力的提升。师资力量不足。一方面，部分缺乏具备实践经验和行业背景的教师，无法为学生提供真实的职业体验和指导；另一方面，一些学校在体育师资队伍建设方面投入不足，师资队伍结构不合理，导致教学质量无法得到有效保障。此外，还存在一些设施和资源方面的不足。部分学校缺乏先进的体育设施和专业的培训资源，限制了学生在实践操作中的能力培养和水平提升。这些不足之处制约了体育人才培养模式的全面发展，影响了学生的综合素质提升和就业竞争力。

（二）体育教育资源的匮乏

体育教育资源的匮乏是体育人才培养面临的一个重要问题。体育教育资源的匮乏主要体现在以下几个方面。

师资力量不足。体育教育需要具备高水平的专业教师来进行教学和指导工作，但是现实情况是，体育教育师资力量不足，教师的整体素质和专业水平相对较低。这导致了教育质量的下降，影响了体育人才的培养效果。

设施设备有限。体育教育需要一系列的设施设备来支持学生的学习和训练，但是目前体育教育的设施设备存在着不足的情况。比如，运动场地不够、器材不全、训练设备陈旧等问题，这都制约了体育人才培养的发展。

课程设置有待完善。体育教育需要根据学生的专业需求和市场需求来设置课程，但是目前体育教育的课程设置存在着一些问题。比如，课程设置不科学，与实际工作需求脱节；课程内容过于理论化，缺乏实践性和操作性等问题，这都影响了体育人才的培养效果。

管理机制有待加强。体育教育的发展需要有一个科学合理的管理机制来保障，但是目前的管理机制存在着一些问题。比如，管理制度不健全，管理人员素质不高，管理手段不灵活等问题，这都制约了体育人才培养的进一步发展。

（三）体育师资队伍的问题

1. 体育教师的教学理念陈旧

（1）传统教学观念仍然存在

在我国体育人才培养过程中，部分教师仍然受到传统教学观念的影响，强调权威性，忽视在学习中学生的主体地位。这种教学观念导致学生在学习过程中缺乏主动性和创造力，无法充分发挥个性和潜能。

（2）创新教学观念有待加强

随着教育改革的深入推进，越来越多的体育教师开始关注创新教学观念。通过引导学生参与体育活动，培养学生的团队协作能力和自主学习能力，提高学生的综合素质。然而，创新教学观念的推广与应用仍有待加强。

2. 体育教师的教学方法单一

（1）单一的教学手段

目前，我国体育教学中仍存在单一的教学手段，部分教师过于依赖传统的教学方法，如口头讲解、示范等。这种教学方法无法满足学生的个性化需求，限制了学生的兴趣和潜能的发展。

（2）现代教学手段的应用不足

随着科技的发展，现代教学手段如多媒体教学、网络教学等在体育教学中应用日益广泛。然而，现代教学手段的应用仍存在不足，部分教师对现代教学手段的了解和掌握程度较低，影响了教学效果。

3. 师资队伍结构不合理

首先，体育师资队伍存在结构不合理的问题，主要表现在教师专业结构不够合理、教龄结构失衡、学历层次不够完善等方面，体育教师队伍中缺乏高级职称的教师，博士和硕士研究生比例较低，影响了队伍整体的学术水平和教学质量。部分学校体育教师专业技能较为薄弱，无法满足学校体育教学的需求，这导致了教学质量无法得到有效保障。其次，教龄结构失衡，年轻教师较多，经验丰富的老教师相对较少，这影响了教学经验的传承和积累。此外，学历层次不够完善，部分教师学历较低，无法胜任学校体育教学中的一些工作，这也是导致师资队伍结构不合理的原因之一。

（1）教师数量不足

在我国体育人才培养过程中，教师数量不足是一个普遍存在的问题。尤其是在农村和偏远地区，体育教师队伍的建设亟待加强。

（2）教师专业素质不高

体育教师在专业素质方面存在不足，缺乏系统的教育教学理论和实践经验。一方面，部分教师教学能力较弱，无法很好地组织体育教学活动，导致学生体育技能和素质水平无法有效提升；另一方面，部分教师专业水平有待提高，缺乏专业知识和实践经验，难以满足学校体育教学的要求，这也是师资队伍素质不高的主要原因之一。这导致教学质量难以得到保证，影响了体育人才的培养。

（3）师资队伍培训机制不健全

当前，我国体育教师继续教育机制尚不完善，缺乏针对性和实用性。继续教育内容单一，无法满足教师专业发展的需求。我国体育教师继续教育的普及率较低。许多教师无法及时更新教育教学理念和技能，从而影响体育人才培养的质量。目前，教师培训主要依靠个人自主学习和临时性培训活动，缺乏长期、系统性的培训机制，无法有效提升教师的教学水平和专业素养。此外，缺乏政策支持和经费投入，导致体育师资队伍的培训工作难以开展，这也是培训机制不健全的重要原因之一。

4. 师资队伍流动性大

体育师资队伍流动性大，存在教师流失和跨校调动频繁的情况。由于体育师资队伍待遇不高、晋升空间有限，导致一些优秀教师流失，这影响了学校体育教学的连续性和稳定性。同时，跨校调动频繁也影响了教师的教学积累和学校教学团队的建设，这是师资队伍流动性大的主要表现之一。

（四）现行体育课程不够全面、系统

现行体育课程不够全面、系统，这是一个亟待解决的问题，学生的体育素养和综合素质的培养面临很大的挑战。

内容相对单一。目前，体育课程主要注重传统的体育项目，如田径、篮球、足球等。这种单一的体育项目设置限制了学生的体育发展，无法满足不同学生的兴趣和需求。为了解决这个问题，我们可以考虑增加新的体育项目，如攀岩、滑冰、武术等，以丰富学生的体育经验和体验。同时，还应注重培养学生的体育兴趣和体育文化素养，增加体育文化知识的教学内容。

缺乏系统性。体育课程的设置应该是一个有机整体，包括体育知识、技能、方法和态度等多个方面的内容。然而，在现行的体育课程中，这些方面往往没有得到充分的体现和发展。为了解决这个问题，我们需要重新设计和规划体育课程，将体育知识、技能、方法和态度有机地结合起来，形成一个完整的体育教育体系。同时，还可以通过跨学科的方式，将体育与其他学科进行有机结合，促进学科之间的交叉融合和知识的综合运用。

教学方式相对单一。传统的体育教学主要采用集体教学的方式，忽视了个体差异和个体特长的培养。为了解决这个问题，我们可以引入个性化教学的理念和方法，根据学生的兴趣和能力，提供个体化的教学方案和培训计划。同时，还应注重发展学生的自主学习能力和合作精神，培养学生的创新思维和问题解决能力。

评价体系相对单一。目前，体育课程的评价主要侧重于学生的技术和比赛水平，忽视了学生的身心健康和综合素质的培养。为了解决这个问题，我们可以引入多元评价的理念和方法，从多个角度评价学生的体育素养和综合素质。例如，可以通过体质测试、体育项目表现、体育作品创作等方式评价学生的身体素质、技能水平和创造能力。

（五）学校体育设施不足

学校体育设施不足是当前体育人才培养面临的一个重要问题。体育设施的不足直接影响着学生的体育锻炼和体育技能的培养。在学校体育设施不足的情况下，学生很难有良好的体育锻炼环境和条件，无法充分发挥体育潜能，限制了体育人才的培养和发展。因此，对比先进国家与我国体育教育设施的不同，以解决学校体育设施不足的问题，对于中学体育人才培养具有重要意义。

1. 先进国家体育教育设施的特点

（1）设施完善，资源丰富

先进国家的体育教育设施通常具有较高的完善度和利用率。以美国为例，根据美国教育部的数据，截至 2019 年，美国共有约 10 万所公立学校，其中 90% 以上的学校拥有完善的体育设施。这些设施不仅包括室内体育馆、田径场、足球场等基本体育场所，还有游泳池、高尔夫球场等高端设施。此外，发达国家普遍重视体育教育设施的规划和建设，确保学生有足够的场所进行体育锻炼。

（2）注重多功能和人性化设计

先进国家的体育教育设施在设计上注重多功能和人性化。例如，日本的学校体育设施通常采用可折叠或移动的设备，以便在有限的空间内满足多种运动需求。同时，各国还在设施建设中充分考虑残疾人的需求，提供无障碍通道、专用卫生间等设施。

（3）设施利用效率高

先进国家体育教育设施的利用率较高，学校、社区和政府共同参与管理，实现资源共享。例如，美国许多学校的体育设施在课后对学生和社区居民开放，提高了设施的利用率。此外，各国政府还通过制定相关政策，鼓励企业、社会团体投资建设体育教育设施，实现全社会共同参与。

（4）倡导健康生活方式

先进国家普遍重视健康生活方式的推广，将体育教育与健康理念相结合。例如，澳大利亚政府推出“活跃澳大利亚”计划，鼓励学校增加体育锻炼时间，提高学生身体素质。同时，各国还在体育教育设施中开展丰富多样的体育活动，提高国民参与体育的积极性。

2. 国内体育教育设施对学生的影响

学校体育设施不足会导致学生体育锻炼的时间和空间受限。由于场地的不足，学校体育课往往只能在有限的场地内进行，时间也被压缩，无法满足学生进行充分的体育锻炼的需求。此外，学校体育设施不足还会导致学生无法进行多样化的体育活动，限制了他们对不同体育项目的了解和兴趣培养。这对于培养全面发展的体育人才是不利的。

学校体育设施不足会影响学生体育技能的培养。体育设施的不足会导致学生无法进行充分的体育训练和比赛，限制了他们技能的提升。例如，没有足够的篮球场地和设备，学生很难进行篮球技术的训练和比赛；没有足够的游泳池，学生无法进行游泳技能的培养。这些问题严重影响了学生体育技能的培养和发展，制约了中学体育人才的培养。

学校体育设施不足还会给学生的身心健康带来负面影响。缺乏体育设施会导致学生的体育锻炼受阻，长此以往，会导致学生体质下降、身体素质不佳。同时，缺乏体育设施也会限制学生进行户外活动，使他们长时间处于室内学习和生活的环境中，增加了学生患近视等健康问题的风险。因此，学校体育设施不足不仅影响了学生的体育发展，也对学生的身心健康产生了负面影响。

3. 完善体育设施的建议

对比先进国家与我国体育设施的情况，还存在很大的差距，特别是使用空间、数量、质量与维护之间，需要进一步加大投入，缩小差距。

（1）加大投入，完善体育教育设施建设

我国应加大体育教育设施建设投入，确保各级学校具备基本的体育场所。在财力允许的情况下，适当增加高端设施，满足学生多样化需求。同时，要重视农村地区体育教育设施的建设和改造，缩小城乡差距。

（2）注重设施多功能和人性化设计

在体育教育设施设计过程中，应充分考虑多功能和人性化。通过合理规划，实现一馆多用、一地多用，提高设施利用率。同时，注重设施的无障碍设计，满足残疾人的需求。

（3）提高设施利用效率，实现资源共享

我国应加强体育教育设施的管理，提高利用率。可以借鉴先进国家的经验，实行学校、社区、政府共同管理，推动设施资源共享。此外，政府应鼓励企业、社会团体投资建设体育教育设施，形成全社会共同参与的局面。

4. 倡导健康生活方式，提高国民素质

我国应将体育教育与健康理念相结合，加大对体育锻炼的宣传力度，提高国民对体育的认识。通过开展丰富多样的体育活动，激发国民参与体育锻炼的积极性，提高全民族的健康素质。

因此，解决现行体育课程不够全面、体育教师队伍存在问题、学校体育设施不足等问题，需要全社会的关注和支持，需要政府、学校、家庭等多方共同努力。

三、体育人才培养的影响因素

在体育人才培养的过程中，有许多因素会对培养工作产生影响。本章将主要从政策环境、社会认知和学校条件三个方面进行分析，探讨这些因素对体育人才培养的影响。通过对这些影响因素的深入剖析，可以更好地把握体育人才培养工作的现状和问题，为提出针对性的对策提供理论依据。

（一）政策环境

政策环境是体育人才培养的重要外部影响因素之一。当前，我国政府对体育事业的发展高度重视，提出了一系列政策和规划文件，为体育人才培养提供了政策支持和指导。首先，国家体育总局颁布了《关于深化体育改革加快体育事业发展的意见》，明确提出要加强体育人才培养，完善培养体制机制，推动体育教育的全面发展。其次，教育部发布了《中小学体育工作指导意见》，要求在学生体育课程设置和体育师资队伍建设等方面加大投入，提高教育教学质量。这些政策文件为体育人才培养提供了政策保障和政策支持，为体育人才培养的发展指明了方向。同时，政策环境的不断改善也为体育人才培养创造了更加宽松的外部条件。然而，需要注意的是，政策的贯彻执行和落实情况也是影响体育人才培养的重要因素之一。政策的具体执行情况、配套措施的落实程度以及各级政府部门的协调配合情况直接影响着政策的实际效果。

（二）社会认知

社会认知作为体育人才培养的影响因素之一，具有重要的作用。首先，社会认知包括社会对体育人才培养的认知和评价，这直接影响着体育人才培养的资源投入和政策支持。其次，社会认知还包括学生、家长和社会各界对体育人才培养工作的期望和需求，这些期望和需求会影响学校的发展方向和教育目标的制定。

一些社会群体可能存在对体育人才培养工作的误解或偏见，这会影响到政策的制定和资源的配置。因此，需要通过加强与社会各界的沟通和互动，树立良好的学校形象，提升社会对体育人才培养工作的认知和评价，从而获得更多的支持和资源。

另外，学生、家长和社会各界的期望和需求也是影响体育人才培养的重要因素。随着社会的发展和变革，人们对体育人才培养的需求也在不断调整和改变。需要密切关注社会需求的变化，及时调整教育目标和培养模式，以满足社会对体育人才的需求。同时，学校还应该加强与家长和社会各界的沟通，了解他们的期望和意见，将社会需求纳入体育人才培养的规划和实施中。

（三）学校条件

学校条件是影响体育人才培养的重要因素之一，它包括了学校的体育设施、师资力量、教学资源等多个方面。首先，学校的体育设施对学生体育训练和比赛有重要影响。优秀的体育设施能够提供学生进行专业化训练和比赛所需的场地和设备，进而促进学生体育技能的提升。其次，师资力量是决定学校体育教育质量的重要因素之一。拥有一支高水平的体育教师队伍，能够为学生提供专业化的指导和教学，激发学生的体育兴趣，促进其技能的提高。此外，教学资源的充足与否也直接影响着学校的体育教育水平高低。良好的教学资源可以为教师的教学提供更多的支持，为学生的学习提供更多的帮助，从而提高整体的教育质量。除此之外，学校的管理机制和教学环境也是影响学校条件的重要方面。良好的管理机制能够为学校的体育教育提供更多的保障，而良好的教学环境则可以为学生的学习提供更好的氛围和条件。因此，学校条件是影响体育人才培养的重要因素，需要引起各方的高度重视。

四、体育人才培养的挑战

体育人才培养面临着许多挑战。首先，师资力量不足是一个主要问题。由于体育教师数量有限，很难满足学生的需求。此外，由于体育教师的晋升渠道相对有限，很多有潜力的教师难以得到发展机会。培养优秀的体育人才需要有经验丰富的教师团队，他们能够为学生提供专业的指导和培训。因此，加强师资队伍建设是解决这一问题的关键。

培养模式滞后是另一个挑战。目前，体育人才培养的模式主要还停留在传统的课堂教学和简单的训练中。这种模式无法满足现代社会对体育人才的需求。现代体育竞技要求学生具备综合素质和创新能力，但目前的培养模式往往只注重技能的培养，缺乏对学生综合素质的培养。因此，需要从培养模式、教学方法和评估方式等方面进行改革，使培养模式能够更好地适应现代社会的需求。

学生选择的挑战。由于体育专业在社会上的认可度相对较低，很多优秀的学生更倾向于选择普通高中或大学进行学习。这导致了体育人才的招生困难和质量下降。为了解决这一问题，需要提高自身的知名度和学科建设水平，吸引更多优秀的学生选择进行体育人才培养。

体制机制的挑战。目前，体育人才培养的体制机制相对僵化，缺乏灵活性和创新性。这种体制机制限制了体育人才培养的发展和改革，使得无法及时调整培养方案和教学方法。为了解决这一问题，需要加强与社会和企业的合作，建立起灵活的培养机制和创新的管理模式。

五、体育人才培养的发展趋势

在当前社会发展的背景下，体育人才培养的发展趋势备受关注。体育教学模式的创新是当前发展的重点之一，需要不断探索和完善。同时，职业体育课程体系的优化也是当前亟待解决的问题，需要通过深入研究和改革来适应社会发展的需要。此外，体育师资队伍建设的前景也是当前需要深入思考和规划的重要议题，需要通过有效的措施和政策支持来提升整体水平。

（一）体育教学模式的创新

在当前社会背景下，体育教学模式的创新已成为当务之急。随着社会经济的快速发展，人才培养的需求也日益增加，而传统的体育教学模式已经不能满足多样化的需求。因此，本节将从多个方面对体育教学模式的创新进行深入探讨。

1. 教学内容的创新

在体育教学中，教学内容的创新是至关重要的一环。传统的教学内容往往局限于体育技能和规则的传授，而忽略了对学生综合素质的培养。因此，我们需要在教学内容上进行创新，引入更多的健康知识、体育管理、心理素质等方面的内容，以培养学生的综合能力和终身体育意识。

2. 教学方法的创新

教学方法的创新是提高教学效果的关键。传统的体育教学往往以传统的体能训练和技术训练为主，缺乏趣味性和多样性。因此，我们需要创新教学方法，引入互动式教学、游戏化学习、多元化训练等方式，激发学生的学习兴趣，提高学习效果。

3. 师资队伍的创新

体育教学模式的创新还需要依托于优秀的师资队伍。传统的体育教师往往只注重技术传授，而忽略了对学生综合能力的培养。因此，我们需要创新师资队伍的培养机制，注重教师的综合素质培养，提高其教学水平和综合素养。

4. 教学设施的创新

教学设施的创新对于提升体育教学质量至关重要。传统的教学设施往往设施简陋，缺乏现代化的教学设备。因此，我们需要创新教学设施，提升体育场馆、器材设施的现代化水平，为学生提供更好的学习环境和条件。

5. 校企合作的创新

校企合作是体育教学模式创新的重要手段。通过与企业合作，学校可以更好地了解市场需求，调整教学内容和方法，为学生提供更实用的教育培养。因此，我们需要创新校企合作模式，建立更紧密的合作关系，促进学校教学与实践的深度融合。

（二）职业体育课程体系的优化

在体育人才培养的发展趋势中，体育课程体系的优化是至关重要的一环。通过对课程设置、教学方法和资源配置进行优化，可以更好地满足学生的实际需求，提高教学质量，培养更多优秀的体育人才。

针对课程设置，应该充分考虑学生的专业特点和职业需求，合理规划体育课程的结构和内容。在体育技能培养方面，应根据不同专业的特点，设置相应的专业技能课程，以满足学生在未来职业发展中的需求。同时，还应加强对体育理论知识、体育教育心理学等方面的教学，提升学生的综合素质和专业素养。

教学方法的优化也是关键。传统的体育教学方式已经不能满足现代体育人才培养的需求，需要引入更多的创新教学方法。例如，可以采用案例教学、项目驱动学习等方式，培养学生的实践能力和解决问题的能力。同时，加强体育技能竞赛、实训实习等环节，提升学生的实际操作能力和团队协作能力。

此外，资源配置的优化也是不可忽视的。应该加大对体育教学设施、器材和师资的投入，确保学校拥有先进的教学条件和优质的师资力量。通过与体育产业企业合作，引入实践性项目和案例，为学生提供更加丰富的教学资源，提高教学的实效性和针对性。

（三）体育师资队伍建设的前景

体育师资队伍建设的前景是体育人才培养的重要组成部分，对于提高体育教育质量、推动教育改革与发展具有重要意义。随着体育教育的不断发展，人们对体育师资队伍的要求也越来越高。在体育师资队伍建设的前景中，我们需要关注以下几个方面：

注重师资队伍的专业化和多元化。体育师资队伍应该具备较高的专业素养和丰富的实践经验。他们应该具备扎实的学科知识和专业技能，能够将理论知识与实践相结合，培养学生的实际操作能力。此外，体育师资队伍还应该具备多元化的背景和能力，能够满足不同学生的需求，提供个性化的教育服务。

加强师资队伍的培训和发展。体育师资队伍的培训和发展是提高教育质量和教学水平的关键。通过不断地培训和学习，师资队伍可以不断提升自己的专业素养和教学能力。可以组织各类培训活动，如学术研讨、教学观摩、实践教学等，为师资队伍提供学习和交流的机会。同时，还可以鼓励师资队伍参与各类学术研究和教学创新活动，提高他们的教学能力和科研水平。

营造良好的工作环境和激励机制。良好的工作环境和激励机制是吸引和留住优秀师资队伍的重要因素。应该提供良好的教育设施和教学资源，为师资队伍创造良好的工作条件。此外，还应该建立完善的激励机制，如教师评优制度、薪酬激励制度、职称晋升制度等，激励教师积极投入教学工作中，提高教学质量和教学效益。

加强师资队伍与产业的对接。体育教育的目标是培养适应社会需求的职业人才，因此，师资队伍应该与产业密切对接，了解产业的需求和发展趋势。可以与相关行业建立合作关系，开展产学研合作，为师资队伍提供实践机会和专业培训，提高他们的实践能力和专业素养。同时，还可以邀请相关行业的专家和企业家到校举办讲座和指导，为师资队伍提供专业指导和实践经验。

体育师资队伍建设的前景是充满希望的。通过注重师资队伍的专业化和多元化、加强培训和发展、营造良好的工作环境和激励机制、加强师资队伍与产业的对接，可以提高体育教育的质量和水平，培养更多符合社会需求的职业人才。这将有力推动体育教育的发展，为国家的经济建设和社会进步做出贡献。

因此，体育人才培养的发展趋势需要着眼于教学模式的创新、课程体系的优化和师资队伍建设的前景，以期为培养更多高素质的体育人才提供有力保障。

六、体育人才培养的国际比较

随着全球化的深入发展，体育人才培养的国际比较成为当前研究的热点之一。在国外体育人才培养经验总结方面，不同国家和地区在体育教育体系、培养模式、课程设置等方面都有着各自的特点和优势。同时，国际体育人才培养的借鉴与启示也成为我国体育人才培养改革与发展的重要参考。针对我国在国际比较中的优势与不足，深入分析研究，将有助于我国体育人才培养体系的不断完善与提高。

（一）国外体育人才培养经验总结

国外体育人才培养经验是我国体育人才培养的重要参考。通过对国外体育人才培养经验的总结，我们可以借鉴其成功的经验和教训，为我国的体育人才培养工作提供有益的启示。本节将对国外体育人才培养经验进行详细总结，以期为我国体育人才培养的发展提供有力的支持。

国外体育人才培养注重全面发展。在国外的体育人才培养中，不仅注重培养运动员的专业技能，还注重培养其综合素质和个人能力。比如，美国的体育人才培养体系将学术教育与体育训练相结合，强调培养学生的专业技能和学术能力。这种全面发展的体育人才培养模式可以提高运动员的综合竞争力，使其在职业生涯中更具竞争力。

国外体育人才培养重视基础训练。在国外，体育人才培养的过程中，基础训练是非常重要的环节。基础训练可以帮助运动员打好基础，培养其良好的体能和技术基础，为其未来的专业训练打下坚实的基础。例如，俄罗斯的体育人才培养系统注重基础训练，通过科学的训练方法和系统的培养计划，培养出了一大批优秀的体育人才。这种注重基础训练的体育人才培养模式可以提高运动员的技术水平和竞技能力。

国外体育人才培养注重科学管理。在国外，体育人才培养的管理工作非常重要。科学地管理可以提高培养效果，确保培养过程的科学性和规范性。例如，德国的体育人才培养系统注重科学管理，通过建立科学的评估和监测机制，及时发现和解决问题，确保培养过程的顺利进行。这种科学管理的体育人才培养模式可以提高培养效果，提高培养质量。

此外，国外体育人才培养注重国际交流与合作。国外的体育人才培养机构注重与其他国家的合作与交流，通过与其他国家的交流，学习和借鉴其成功的经验。例如，中国与美国、德国等国家的体育人才培养机构开展了广泛的合作与交流，通过这种合作与交流，中国的体育人才培养工作得到了很大的提升。

（二）国际体育人才培养的借鉴与启示

国际体育人才培养一直是我国体育人才培养的重要参照对象。通过对国际体育人才培养的借鉴与启示，可以发现一些值得我们借鉴和学习的经验和做法。

国际体育人才培养注重培养多元化的体育人才。他们不仅注重培养优秀的运动员，还注重培养体育管理人才、教练员、裁判员等各类专业人才。这种多元化的培养模式有利于整个体育事业的发展，可以满足不同层次和领域的需求。

国际体育人才培养注重提供全面的培养资源。他们注重投入大量的资金和资源，建设完善的体育训练设施和教育机构，为体育人才的培养提供良好的环境和条件。同时，他们还注重引进国际先进的培养理念和技术，通过与国际接轨，提高培养体育人才的质量和水平。

国际体育人才培养注重培养科学化的培养模式。他们通过科学的训练方法和技术手段，针对个体的特点和需求，制订个性化的培养计划。他们注重培养运动员的综合素质，不仅注重体能的培养，还注重技术、战术、心理素质等方面的培养，使运动员在各个方面得到全面发展。

此外，国际体育人才培养注重培养体育精神和道德素养。他们注重培养运动员的道德品质和团队合作精神，强调体育的人文精神和社会价值。他们通过体育教育和训练，培养运动员具备积极向上的人生态度、坚韧不拔的毅力和团队协作的精神，使他们不仅是优秀的运动员，还是品德高尚的公民。

国际体育人才培养注重与社会的合作与互动。他们积极与社会各界合作，建立起良好的合作机制和渠道，为体育人才的培养提供更多的机会和资源。他们注重与学校、俱乐部、企业等多方合作，共同推动体育事业的发展和体育人才的培养。

（三）我国在国际比较中的优势与不足

我国在体育人才培养方面具有许多优势和不足之处。首先，我国拥有庞大的人口基数，这为培养优秀的体育人才提供了广阔的资源。其次，我国在体育设施建设方面取得了长足的进步，为培养优秀的体育人才提供了良好的场所和设备。此外，我国在体育项目的传统优势领域上取得了一系列重要的成就，例如乒乓球、羽毛球、跳水等项目，这为培养优秀的体育人才提供了宝贵的经验和模范。

我国的体育教育体制仍然存在一定的僵化和刚性，缺乏灵活性和个性化的培养模式。这导致了一些学生在体育人才培养过程中无法充分发展和实现个人潜能。培养体育人才的机制和评价体系上还有待改进。目前，我国的体育人才培养主要依靠选拔制度，过分注重选拔阶段的成绩和成绩单，忽视了个人的兴趣和潜力。同时，评价体系也过于功利化，重视竞技成绩而忽视了综合素质的培养。尽管我国在体育设施建设方面取得了长足的进步，但仍然存在一些地区和学校缺乏足够的体育场地和设备的情况。这给体育人才培养带来了一定的困扰，限制了学生的体育锻炼和专业训练。

七、体育人才培养对策建议

随着社会经济的快速发展和职业教育的持续深化，体育人才培养面临着新的挑战和机遇。为了适应时代发展的需求，体育教育教学改革势在必行。通过加强课程设置、更新教学方法、提高教师教学水平等方式，可以促进体育教育的整体提升。此外，体育教育资源整合也是当前亟待解决的问题。资源整合能够有效优化教育资源配置，提高教育质量，为学生提供更广阔的发展空间。而体育师资队伍建设推进则是实现以上改革的关键。加强师资队伍的建设，提升教师的专业素养和教育教学水平，对于提高体育人才培养质量具有重要意义。

（一）体育教育教学改革

体育教育教学改革是人才培养对策的关键一环。在当前形势下，面对社会对体育人才需求的日益增长，体育教育教学改革显得尤为迫切。首先，我们需要从课程设置和教学手段两方面入手，进行系统性的改革和创新。

在课程设置方面，应当注重结合实际，紧密联系社会需求，将传统课程与现代体育理论相结合，引入新颖的教育理念和方法。例如，可以加强体育科技与管理课程的设置，培养学生的实际操作能力和管理技能，以适应现代体育产业的发展。同时，还应加强体育人文素养的培养，引导学生关注体育伦理道德和社会责任，培养综合素质。

在教学手段方面，可以借助现代科技手段，改变传统的教学方式，例如引入虚拟现实技术、智能化教学设备等，增强学生的学习体验和实践能力。此外，还可以鼓励教师开展跨学科教学，促进不同学科之间的交叉融合，培养学生的综合素养和创新能力。

其次，还需要加强对教师队伍的培训与引进。针对现有教师队伍的结构和素质，应通过专业培训和引进高水平教师，提升教师的教学能力和专业水平，以适应新形势下对体育人才培养的需求。

（二）体育教育资源整合

体育教育资源整合作为体育人才培养对策的重要组成部分，其意义重大、影响深远。在当前体育教育中，资源整合是提高教育教学质量、培养学生综合素质的关键举措。本节将从资源整合的内涵、目标、实施策略等方面展开讨论，旨在为体育教育资源整合提供深入的研究和对策建议。

1. 资源整合的内涵

体育教育资源整合，是指将学校内外部的体育教育资源进行整合和优化配置，以提高资源利用效率和教育教学质量。包括但不限于人力资源、物质资源、课程资源、社会资源等多种资源的整合和协同运作，以实现教育目标和提高教育质量。

2. 资源整合的目标

资源整合的目标主要包括提高教学质量、促进学生全面发展、培养适应社会需求的体育人才和推动学校可持续发展。通过整合资源，深化体育教育改革，优化教育教学环境，提高教学效果和学生综合素质，以培养更多优秀的体育人才。

3. 资源整合的实施策略

在实施资源整合时，需要采取一系列有效策略，包括但不限于建立健全的资源整合机制、完善资源整合政策、加强内外部资源对接与合作、优化资源配置和利用、提升师资队伍素质等。其中，建立资源整合机制是关键，需要形成学校、社会和市场多方参与的资源整合体系，推动资源整合工作的深入开展。

4. 资源整合的意义

资源整合的意义主要体现在提高教学质量、培养人才、促进学校可持续发展等方面。合理整合资源可以最大限度地发挥资源的效益，提高教学质量和学生综合素质，为学校培养更多适应社会需求的体育人才提供有力支撑，推动学校体育事业的可持续发展。

5. 资源整合的保障措施

为了保障资源整合工作的顺利开展，需要建立健全的保障措施，包括但不限于政策支持、资金投入、人才培养、信息技术支持等。同时，需要加强对资源整合工作的监督和评估，及时调整和完善资源整合策略，以确保资源整合工作的有效实施和持续改进。

（三）体育师资队伍建设推进

在当前体育人才培养的现状中，体育师资队伍建设显得尤为关键。为了解决师资力量不足的问题，我们需要采取一系列对策来加强体育师资队伍建设。首先，我们应该加强体育师资队伍的培训与选拔机制。通过建立健全的选拔机制，选拔出具有专业素养和教育能力的优秀人才来从事体育人才培养工作，建立健全的师资队伍培养机制，包括设立专业化的体育教育学科、加强教师的国际交流与学习。此外，还应加强对现有体育师资的培训，提高他们的教育教学水平和专业素养，使其更好地适应体育人才培养的需求。加强体育师资队伍建设是解决体育人才培养现状问题的关键之一。

其次是完善激励机制，包括加大对优秀教师的奖励和支持力度、建立教师职业发展通道；加强体育师资队伍的激励机制也是至关重要的。通过建立激励机制，激发体育师资队伍的积极性和创造性，提高其教学质量和教学效果。这包括薪酬激励、荣誉称号、职称晋升等多种激励方式，从而吸引更多优秀的体育教师加入体育人才培养工作，并留住现有优秀的体育教师，形成良性的师资队伍建设循环。

此外，加强体育师资队伍的管理也是非常重要的。建立健全的体育师资队伍管理制度，包括岗位设置、职责分工、考核评价等，从而实现师资队伍的合理配置和高效运转。同时，还可以加强与其他学科师资队伍的交流与合作，促进跨学科的师资共建共享，加强国际合作与交流，引进国外优秀师资资源，拓宽教师的国际视野和教学理念，提高整体教学水平。

（四）优化体育教育课程

在体育人才培养的对策中，优化体育教育课程是一个重要的方面。体育教育课程的优化可以提高学生的体育素养和专业技能，为他们未来的职业发展奠定坚实的基础。针对目前体育教育课程存在的问题，我们应该采取一系列措施来进行优化。

我们可以通过调整课程结构来优化体育教育课程。当前，一些体育教育课程设置得不够科学合理，存在内容重复、学科分割等问题。因此，我们应该根据学生的实际需求和职业发展方向，重新规划课程内容和学科组合。可以将体育教育课程分为基础理论课程和专业实践课程，注重理论与实践相结合，培养学生的综合能力和实践技能。

我们应该注重体育教育课程的教学方法和手段的创新。传统的体育教育课程教学方法单一，注重理论知识的灌输，忽视了学生的主体性和实践能力的培养。因此，我们应该采用多种教学手段，如案例分析、实践操作、项目设计等，激发学生的学习兴趣和参与度。同时，我们还可以运用现代教育技术，如多媒体教学、虚拟实验室等，提高教学效果和学生的学习体验。

此外，我们还应该注重体育教育课程的质量评估和监控。目前，对于体育教育课程的质量评估体系尚不完善，缺乏科学的评价指标和方法。因此，我们应该建立科学的评估指标体系，包括学生学习成绩、实践能力、综合素质等方面的评价指标，并制定相应的评估方法和标准。同时，我们还应该加强对体育教育课程的监控，及时发现和解决存在的问题，确保课程的质量和效果。

（五）拓宽学生体育选项

在体育人才培养中，拓宽学生体育选项是非常重要的对策之一。首先，学校应该提供多样化的体育课程，包括传统体育项目和新兴体育项目，以满足不同学生的兴趣和需求。例如，可以设置篮球、足球、乒乓球等传统项目，同时也可以引入攀岩、网球、滑板等新兴项目，让学生有更多的选择空间。

学校还可以开设多样化的体育俱乐部和兴趣小组，让学生在课余时间有更多的体育活动选择。通过俱乐部和小组的形式，可以针对不同的体育兴趣和特长，为学生提供更加个性化、专业化的培训和指导，激发学生参与体育运动的热情，培养他们的体育特长。

此外，学校还可以与当地体育组织、体育培训机构合作，开展各类体育赛事、培训营等活动，为学生提供更广阔的发展平台和机会。通过与外部机构的合作，学校可以借助外部资源和专业指导，为学生提供更高水平的体育训练和比赛机会，促进学生的全面发展和提高学校的体育竞技水平。

拓宽学生体育选项是体育人才培养的重要对策之一，通过多样化的课程设置、俱乐部活动和与外部机构的合作，可以有效激发学生的体育兴趣和潜力，培养更多优秀的体育人才，推动体育教育的全面发展。

八、体育人才培养政策分析

在当前国家体育人才培养政策概述方面，我国政府一直高度重视体育人才培养工作，不断加大对体育教育的政策支持力度，出台了一系列相关政策文件和文件解读，明确了体育人才培养的发展方向和目标。这些政策文件从教育体制、课程设置、师资队伍建设等多个方面对体育人才培养进行了具体规定和要求，为体育人才培养提供了有力的政策支持。

（一）国家体育人才培养政策概述

国家体育人才培养政策的概述是体育人才培养体系中至关重要的一环。当前，国家在体育人才培养政策方面已经建立了一系列政策框架和制度体系，以促进体育人才培养的全面发展和提高。这些政策的出台和实施对于体育人才培养具有重要意义。

1. 核心目标是实现体育人才培养的全面发展。政策以提高体育教育质量和水平为出发点，强调了体育人才培养的多元化和全方位发展。政策文件中对于学科设置、师资队伍建设、教学资源配置等方面都有详细规定，以确保体育人才培养的全面性和多样性。

2. 它的实施强调与社会需求和产业发展的紧密结合。政策文件中明确提出了加强与体育产业、体育赛事、体育健身等领域的合作交流，以促进体育人才培养与社会需求的对接。这一举措有利于提高体育人才的就业竞争力和社会适应能力，为国家体育事业的发展做出贡献。

3. 还强调了教育教学改革和创新。政策文件中提出了推动教育教学改革，促进教学手段和方法的创新，以适应体育人才培养的需求和时代发展的要求。这对于提高体育教育的现代化水平和教学质量有着积极的推动作用。

（二）区域体育人才培养政策比较

1. 区域体育人才培养政策概述

区域体育人才培养政策是指针对特定地域内的体育人才培养所制定的政策和规定。在不同地区，由于文化、经济、教育等方面的差异，区域体育人才培养政策也存在着一定的差异。这些政策主要包括对学生选拔、培养模式、教学内容、师资队伍、设施设备等方面的规定和指导，旨在更好地满足本地区体育产业的需求，培养符合地方特色和实际需求的体育人才。

2. 区域体育人才培养政策比较分析

（1）政策制定参考因素比较

不同地区的体育人才培养政策在制定时，参考的因素存在着差异。一方面，一些地区政策制定更加注重当地体育产业的发展需求和特色，注重培养适应当地市场的体育人才；另一方面，还有一些地区政策制定时更加注重学生个体发展和全面素质的培养，更加注重学生的综合能力和创新思维的培养。这些不同的参考因素导致了不同地区政策的侧重点和特色。

（2）培养模式比较

在不同地区的体育人才培养政策中，培养模式也存在着一定的差异。一些地区更加注重学生的专业技能培养和实践能力的培养，强调学生在校期间的实践教学和实习实训环节；而另一些地区则更加注重学生的综合素质培养，强调学生的体育精神、团队合作能力和创新意识的培养。这种差异化的培养模式反映了不同地区对体育人才培养的不同理念和目标。

（3）教学内容比较

另外，不同地区的体育人才培养政策中，教学内容也存在着一定的差异。一些地区更加注重学生的专业知识和技能培养，教学内容更加偏向于专业课程和实践技能的教学；而另一些地区则更加注重学生的综合素质和人文素养的培养，教学内容更加偏向于体育精神、道德品质和创新思维的培养。这种差异化的教学内容反映了不同地区对体育人才培养的不同侧重点和发展方向。

3. 区域体育人才培养政策比较的启示和建议

根据对不同地区体育人才培养政策的比较分析，可以得出一些启示和建议。首先，各地区在制定政策时应更加注重本地区体育产业的发展需求和特色，同时也要注重学生个体发展和全面素质的培养。其次，培养模式和教学内容的差异化可以互相借鉴，可以在培养模式和教学内容中吸收其他地区的优秀经验和做法，促进各地区的体育人才培养水平的提升。最后，政策的比较分析可以为相关政策的制定和调整提供参考，促进区域体育人才培养政策的进一步完善和优化。

在今后的实践中，需要结合各地区的实际情况，因地制宜地制定和完善体育人才培养政策，以促进全国范围内体育人才培养工作的全面发展。

第三章

体育人才培养体系构建

一、 体育人才培养体系构建的理念

（一）新时代党的创新理论

在以新时代党的创新理论育新人过程中，其中教育对象是真实的、客观存在的人，是生活在社会现实中的人。以客观现实的人为对象。关于以新时代党的创新理论育新人要把握的最重要的问题是“培养什么人，怎样培养人、为谁培养人”，这一问题是围绕着马克思主义关于人的发展理论展开的，并围绕其中“现实的人”“人的需要” “人的自由而全面的发展”这几个核心问题进行展开。因此，马克思主义的人学理论告诫我们，在进行以新时代党的创新理论育新人的过程中要以现实的人为着眼点，立足于现实的人，满足于人的现实需要，从而实现人的全面自由的发展。

（二）马克思的理论教育观点

人们的思维与社会现实辩证统一起来，并将实践作为马克思主义哲学的根本特征。“人们自觉或不自觉地，归根到底总是……从他们进行生产和交换的经济关系中，获得自己的伦理观念。”在进行理论教育时要将理论与实际的社会需要统一起来，以实践发展的需要来进行理论教育，紧密围绕人民群众的现实生活。只有通过人民群众的亲身体验才能深刻认识理论，只有让人们通过亲身实践才能实现人们对理论的认同。育人模式建构要将思想理论与生活实践相融合，在实践中感知、领悟其核心内容，达到理论教育的效果。

（三）陶行知教育理论

陶行知批判继承杜威的思想，结合其亲身体验，形成了生活教育理论，生活教育理论的核心原则可以归纳为三点：生活即教育，社会即学校，教学做合一。生活即教育是生活教育理论的主体，社会即学校是生活教育的场所，教学做合一是职业教育的方法。

二、体育人才培养体系构建的原则

体育人才培养体系构建的原则是体育人才培养体系设计的基础和指导，具有重要意义。以下将围绕体育教育均衡与多元化、体育教育内容的科学选择以及体育教育过程的科学管理展开深入探讨，旨在为体育人才培养体系的构建提供理论依据和实践指导。通过对体育人才培养体系构建的原则进行系统研究和分析，旨在为体育人才培养体系的优化和未来发展方向提供重要参考。

（一）体育教育均衡与多元化

体育教育均衡与多元化是构建体育人才培养体系的重要原则之一。体育教育均衡是指在体育教育过程中，注重各个层次、各个领域、各个群体的均衡发展。具体而言，体育教育均衡要求在学校体育课程设置中，注重培养学生的基本体育素质和兴趣爱好，不仅注重学生的身体发展，还注重培养学生的体育技能和竞技能力。在学校体育课程中，要注重培养学生的体育技能，培养学生的体育兴趣和爱好，培养学生的体育意识和体育习惯。此外，体育教育均衡还要求注重学校体育设施和器材的均衡配置，确保每个学生都能够享受到优质的体育教育资源。

多元化是指体育教育要根据学生的个体差异和特长，提供多样化的培养途径和发展机会。体育教育多元化要求在体育课程设置中注重培养学生的多种体育技能和运动兴趣，为不同类型的学生提供适合他们个体发展的培养途径。具体而言，体育教育多元化要求在学校体育课程中设置多样化的体育项目和活动，让学生有机会接触和参与不同类型的体育运动，培养学生的多种体育技能和运动兴趣。此外，体育教育多元化还要求注重学生的个体差异和特长，根据学生的兴趣和潜能，提供个性化的体育培养方案和发展机会。

体育教育均衡与多元化的实施对于体育人才培养体系的构建具有重要意义。首先，体育教育均衡与多元化可以促进学生全面发展。通过注重学生的身心发展和兴趣爱好，培养学生的体育技能和竞技能力，可以使学生在体育教育中得到全面发展。其次，体育教育均衡与多元化可以提高体育人才培养的质量。通过提供多样化的培养途径和发展机会，可以满足不同类型学生的需求，培养更多优秀的体育人才。再次，体育教育均衡与多元化可以促进社会公平与社会发展。通过注重学校体育设施和器材的均衡配置，确保每个学生都能够享受到优质的体育教育资源，可以促进社会公平和社会发展。

在体育教育均衡与多元化的实施过程中，需要注意解决一些问题。首先，需要解决资源分配不均的问题。由于各地区、各学校的经济发展水平和教育资源配置不均衡，导致体育教育资源的分配也存在不均衡现象。因此，要解决体育教育资源分配不均的问题，需要加大对贫困地区和薄弱学校的支持力度，提高体育教育资源的均衡配置。其次，需要解决学生体育兴趣和体育技能发展不平衡的问题。由于学生的个体差异和特长，导致学生的体育兴趣和体育技能发展存在不平衡现象。因此，要解决学生体育兴趣和体育技能发展不平衡的问题，需要根据学生的兴趣和潜能，提供个性化的体育培养方案和发展机会。

体育教育均衡与多元化是构建体育人才培养体系的重要原则之一。体育教育均衡与多元化的实施可以促进学生全面发展，提高体育人才培养的质量，促进社会公平与社会发展。在实施过程中，需要解决资源分配不均和学生体育兴趣、体育技能发展不平衡的问题。只有通过均衡和多元化的体育教育，才能够有效地构建体育人才培养体系，实现体育教育的目标。

（二）体育教育内容的科学选择

体育教育内容的科学选择是体育人才培养体系构建中的关键环节。科学选择体育教育内容可以确保培养出符合社会需求的优秀体育人才。在进行内容选择时，需要考虑以下几个方面。首先，要考虑体育教育的目标和任务。体育教育的目标是培养具备综合素质和专业技能的体育人才，使其能够适应现代社会的需求和发展。因此，在选择体育教育内容时，要确保内容能够有效地培养学生的综合素质，并提升他们的专业技能。

要考虑体育教育内容的科学性和实用性。体育教育内容应该基于科学的理论和方法，具备一定的实用性。科学的理论和方法能够为体育教育提供科学的指导，使其更加系统、全面和准确。实用性则是指教育内容能够应用于实际教育过程中，使学生能够真正掌握和运用所学知识和技能。

要考虑体育教育内容的适应性和针对性。体育教育内容应该与学生的年龄、性别、身体条件、兴趣爱好等因素相适应，以保证教育效果的最大化。针对性则是指教育内容要能够满足学生的个性化需求，使每个学生都能够得到适合自己发展的教育。

要考虑体育教育内容与社会需求的契合度。体育人才培养的最终目的是为社会服务，因此，体育教育内容必须与社会需求相契合。只有与社会需求相契合的教育内容才能够培养出真正符合社会需求的优秀体育人才。

只有通过科学选择体育教育内容，才能够确保培养出符合社会需求的优秀体育人才，进一步推动体育人才培养体系的构建和发展。

（三）体育教育过程的科学管理

体育教育过程的科学管理是体育人才培养体系构建的重要原则之一。科学管理可以提高体育教育过程的效率和质量，确保学生得到全面的体育教育。在体育教育过程中，科学管理需要从以下几个方面进行考虑和实施。

第一，科学管理需要明确目标和任务。体育教育过程中的目标是培养学生的体育素养和运动技能，使他们能够全面发展并适应社会的需求。因此，科学管理需要明确培养目标，并制定相应的培养方案和任务。

第二，科学管理需要合理组织教学活动。体育教育过程中，教师需要根据学生的特点和需求，合理组织教学活动，确保学生能够积极参与，并获得良好的教学效果。合理组织教学活动需要考虑教学内容的选择、教学方法的运用、教学资源的配置等方面。

第三，科学管理需要注重教学过程的监控和评价。监控和评价可以及时了解教学进展和学生的学习情况，为教学过程的调整和优化提供依据。监控和评价可以通过多种方式进行，如课堂观察、学生作业、考试测评等。

第四，科学管理还需要关注师生关系的建立和维护。师生关系是体育教育过程中的重要环节，良好的师生关系可以促进学生的学习积极性和教师的教学效果。科学管理需要教师与学生建立积极的互动关系，为学生提供良好的学习环境和支持。

科学管理需要持续改进和优化。体育教育过程是一个动态的过程，需要不断地改进和优化。科学管理需要对教学过程进行反思和总结，及时调整和改进教学策略和方法，以提高教学效果。

三、多方协同的教学平台

在体育人才培养体系构建中，多方协同的教学体系扮演着至关重要的角色。以广州市白云行知职业技术学校为例，构建多方协同的教学体系，对体育人才培养有着很好的效果。

（一）学校与教育部门的协同合作

学校与教育部门的协同合作是构建多方协同的教学体系的重要组成部分。在体育人才培养体系中，学校和教育部门应该密切合作，共同制订培养计划和政策，以确保人才培养的有效性和可持续性。

共同制定体育人才培养的目标和指标。学校是培养体育人才的主要场所，而教育部门则负责指导和监督学校的教学工作。通过协同合作，可以确定培养目标的具体内容和要求，确保学校的教学工作与国家的需求和发展方向保持一致。

共同制订教学计划和课程设置。教学计划是体育人才培养的重要组成部分，它决定了学生在学校期间需要学习的各门课程和知识点。通过协同合作，可以确定教学计划的具体内容和安排，确保学生在学校期间能够全面发展，掌握必要的专业知识和技能。

共同制定教学评价和质量监控机制。教学评价是对学生学习情况和教学效果进行评估的重要手段，它对于改进教学和提高培养质量具有重要意义。通过协同合作，可以建立科学有效的教学评价体系，确保评价结果客观准确，为改进教学提供有力支持。

共同开展教师培训和专业发展活动。教师是体育人才培养的中坚力量，他们的专业水平和教学能力直接影响到培养质量。通过协同合作，可以为教师提供培训和进修的机会，提高他们的教学能力和专业素养，为学生提供更好的教学服务。

共同开展教育研究和创新实践。教育研究是体育人才培养的重要支撑，它可以为教学改革和创新提供理论依据和实践指导。通过协同合作，可以建立教育研究的平台和机制，促进教育理论和实践的相互交流和借鉴，推动体育人才培养体系的不断创新和发展。

学校与教育部门的协同合作是构建多方协同的教学体系的重要保障。只有通过密切合作，共同制定培养目标和指标，制订教学计划和课程设置，建立教学评价和质量监控机制，开展教师培训和专业发展，开展教育研究和创新实践，才能够确保体育人才培养体系的有效性和可持续发展。学校与教育部门应该加强沟通与合作，形成合力，共同推动体育人才培养事业的健康发展。

（二）学校与社会组织的协同合作

学校与社会组织的协同合作是构建多方协同的教学体系中至关重要的一环。学校作为培养体育人才的主要场所，需要与社会组织建立合作关系，以提供更多的资源和机会，促进学生全面发展。

为学生提供丰富多样的实践机会。社会组织包括体育俱乐部、专业协会、职业联盟等，它们拥有丰富的资源和专业知识，可以为学生提供更广阔的舞台。通过与社会组织的合作，学校可以为学生安排实习、参与比赛、进行科研等活动，使学生能够在实践中学习、锻炼和提升自己的专业能力。

促进教学内容的更新和优化。社会组织紧跟时代发展的脚步，拥有最新的理论和技术知识，可以为学校提供前沿的教学资源和信息。学校可以与社会组织进行学科交流、教师培训等合作，不断更新和优化教学内容，使之与实际需求相匹配，更好地培养适应社会发展的体育人才。

促进教学方法的创新和改进。社会组织通常具有丰富的实践经验和创新意识，可以为学校提供教学方法的新思路和新模式。学校可以与社会组织共同探索适合体育人才培养的教学方法，如项目化教学、案例教学、实践导向教学等，以提高教学效果，培养学生的创新能力和实践能力。

促进教学资源的共享和互补。学校和社会组织拥有各自的资源优势，通过合作可以实现资源的共享和互补。学校可以借助社会组织的力量，为学生提供更多的实践机会和就业资源；而社会组织也可以通过与学校合作，获得更多的人才和专业支持。这种合作模式可以实现资源的优势互补，提高教学效果和培养质量。

学校与社会组织的协同合作是构建多方协同的教学体系中不可或缺的一环。这种协同合作模式将有助于培养具有创新能力和实践能力的体育人才，适应社会发展的需求。

（三）社团协同各种赛事，提高实践运用能力

学校社团是体育人才培养体系构建中至关重要的一环，可以实现资源共享、优势互补、目标一致，从而为学生的全面发展和优秀运动员的培养提供良好的环境和支持。建设各运动项目的体育社团，开展系统、科学有效的训练计划，学校建有男女足球队、篮球队、健美操队、羽毛球队、啦啦操队、排球队、街舞队。配备了专职教师担任活动指导工作。学校大力支持社团的建设和投入，给予师资和经费给予了大力的支持，确保社团活动的正常开展；让学生学当裁判，让学生参与到组织竞赛中，每次校园足球杯或友谊赛，有学生裁判和教师裁判，教学做合一，学生的充分参与，提高班级竞赛的积极性，同时以赛促教、以赛促学、以赛促练，综合提高运用能力。

（四）专业协同课程思政，促进学科交叉融合

坚持以立德树人为根本，融合不同专业，对体育人才进行针对性的思政教育、职业道德、职业生涯规划教育规划、创业教育，引入工匠精神、红色文化、职业精神和社会主义核心价值体系融入教育教学全过程，引导学生弘扬民族精神、时代精神，加强以爱岗敬业、诚实守信为重点的职业道德教育。让不同专业体育生在文化、技术、技能学习同时能得到思想品德浸润，确保学生有过硬的思想品德与职业道德素养。

（五）校校协同技术交流，提高技术技能水平

多次与广州市旅游商务学校、广州市南武中学合作，为他们输送足球运动员。他们代表广州队参加省长杯的比赛，获得第二名、第一名的奖项，并且多名同学获二级运动员证书。与广州市财经商贸学校、广州轻工职业技术学校、

广州市交通运输职业技术学校、广州市大同中学等开展足球友谊赛，多校交流，打造体育人才交流平台，促进体育人才发展。主动与白云区各初中学校合作，接收体育各种项目特长生就读，做好运动队的传帮带，充实体育后备力量人才库。与广州市白云区青少年业余体育学校合作，创办行知训练基地，提高学生训练水平与专业技能标准。

（六）院校协同招生渠道，拓宽人才升学出路

与高职高考对接，解决体育人才升学出路问题——自主招生、技能竞赛、3+X 证书、1+X 证书、三二分段的方法来拓展。注重与高职院校的合作，建立新的育人机制。如广州市白云行知职业技术学校先后与广东省体育职业学院、邮电学院、广州工程学院进行三二分段的办学，拓宽体育人才出路。与广州华南商贸职业学院合作开展定点 3+X 证书高考录取。与广州市体育职业学院合作，申办休闲体育服务与管理专业，多渠道拓宽人才升学出路。

（七）校企协同实训基地，深化校企合作产教融合

广州市白云行知职业技术学校打造实践基地建设，与广州市白云区业余体校合作，建设健身房实训基地，着力提高高水平运动队和全体学生身体素质。组织不同专业体育尖子生到广州长隆酒店、白云宾馆、东方宾馆、香格里拉、美的等五星级酒店、美的集团、广州本田等企业实习。与广州文理奥比亚体育公司合作，建设羽毛球馆，为羽毛球运动队和羽毛球社团的训练提供了保障。与多家体育企业进行校企合作，如与广州文理奥比亚体育发展公司合作办学，白云区德讯阳光羽毛球俱乐部、深圳培林体育发展公司合作，提供学生实训实习机会。与奥比亚体育公司合作，打通体育普通高考桥梁，普高与中职同时并存发展，拓宽学生升学渠道。与德讯阳光俱乐部合作，开展羽毛球高水平运动员培训与教练员培训，企业定期为学校派送高水平教练员来校授课，大幅度提高了学生技术技能水平。在教练计划中，挑选品德优秀、技术成熟的学生到德讯阳光羽毛球俱乐部、骏辉足球俱乐部当教练员，深化产教融合。学校常年邀请英格兰热刺青年队职业队足球教练到我校开展足球技术指导，并定期到恒大足球学校交流学习。广州镇泰集团每年拨专款 3 万元给学校作为校园足球建设资金，支持高水平教练到校提供技术指导。

（八）学科协同综合发展，发展综合能力素质

在体育人才培养过程中，学校将体育教学协同其他学科进行培育。协同数学学科让学生参加数学技能竞赛，提高思维能力；协同语文学科让学生参加演讲比赛，提高学生表达能力；协同思政课，做好学生职业生涯规划、职业道德素养培养，发展学生综合素质能力。

（九）升大协同考试攻关，提升高考升学质量

在学生二年级第二学期，协同高考升大班，集训语数英三科，对体育生进行高考科目学习深度加工，提高学生文化成绩，为高考打下扎实基础，提升体育人才高考质量。

（十）协同申报特色学校，提高办学水平标准

申报各类特色、传统项目学校，保证资金投入，如省、市体育推广学校、传统项目学校，提高训练水平，向高水平运动队、高标准看齐。

因此，多方协同的教学体系是体育人才培养体系中不可或缺的重要组成部分，它不仅能够为学生提供更丰富的教学资源和实践机会，也能够促进学校、教育部门、社会组织和运动队之间的深度合作与交流，共同推动体育人才培养体系的不断完善和发展。

四、体育人才培养方案

体育人才培养方案是体育人才培养体系中至关重要的一环，涉及培养目标的确定、教学内容的设计、教学方法的选择等诸多方面。在体育人才培养方案的制定中，需要平衡基础教学和专业培养，确保学生在专业技能学习的同时，也具备丰富的基础知识。同时，也需要注重综合素质与专业技能的并重，使学生在培养专业技能的同时，也具备较高的综合素质。此外，个性发展与团队合作的统一也是体育人才培养方案的重要内容，既要注重个体的特长与个性发展，又要培养学生的团队合作意识和能力。

（一）基础教学与专业培养的平衡

基础教学与专业培养的平衡在体育人才培养方案中具有重要的意义。基础教学是体育人才培养的基础，而专业培养是培养学生专业技能和素质的关键环节。在实施体育人才培养方案时，必须注重基础教学与专业培养的平衡，充分发挥二者的互补作用，以确保培养出具备扎实基础和专业素养的优秀体育人才。

基础教学是体育人才培养的基础，它旨在为学生提供必要的知识、技能和素质的培养。基础教学包括体育科学基础课程、人文社会科学基础课程以及自然科学基础课程等。通过基础教学，学生可以全面了解体育科学的基本理论和方法，培养科学思维和创新能力，提高综合素质和综合能力。同时，基础教学还可以帮助学生建立正确的人生观、价值观和世界观，培养健康的心理素质和道德品质。基础教学是体育人才培养的基石，它为学生的专业培养奠定了坚实的基础。

专业培养是体育人才培养的重要环节，它是培养学生专业技能和素质的关键。专业培养包括专业知识和技能的学习、实践能力的培养以及专业素养的培养等。通过专业培养，学生可以掌握专业知识和技能，具备实践能力和创新能力，培养专业意识和专业素养。专业培养是培养学生成为合格专业人才的关键环节，它直接关系到学生的就业和发展。只有通过专业培养，学生才能真正掌握所学专业的核心知识和核心技能，具备满足实际需要的能力和素质。

为了实现基础教学与专业培养的平衡，体育人才培养方案应该采取一系列的措施。首先，要合理设置基础课程和专业课程的比例。基础课程应占据一定比例，确保学生在培养专业素养的同时，也能够全面发展。其次，要注重基础教学与专业培养的融合。可以通过案例教学、实践教学和项目教学等方式，将基础教学与专业培养有机地结合起来，提高学生的学习效果和实践能力。此外，还可以通过开设选修课程、课外实践活动和社会实践等方式，提供更多的学习机会和实践机会，培养学生的综合能力和专业素养。

基础教学与专业培养的平衡在体育人才培养方案中至关重要。通过合理设置基础课程和专业课程的比例，注重基础教学与专业培养的融合，可以有效地实现基础教学与专业培养的平衡，培养出具备扎实基础和专业素养的优秀体育人才。这将为我国的体育事业发展提供有力的人才支持，促进我国体育事业的繁荣和进步。

（二）综合素质与专业技能的并重

在体育人才培养方案中，综合素质与专业技能的并重是非常重要的。体育人才不仅需要具备扎实的专业技能，还需要具备全面的综合素质，才能更好地适应和应对体育发展的需求和挑战。在培养过程中，要注重培养学生的综合素质，包括思想道德素质、身心素质、学术素质和创新素质等。同时，也要注重培养学生的专业技能，包括基本技能、专业技能和实践能力等。只有综合素质与专业技能的并重，才能培养出具备高素质和高技能的体育人才。

综合素质是体育人才培养的基础。综合素质包括思想道德素质、身心素质、学术素质和创新素质等。思想道德素质是体育人才必备的品质，体育人才要有正确的价值观和道德观，要具备高尚的品德和良好的行为习惯。身心素质是体育人才必备的身体素质和心理素质，体育人才要具备健康的身体和强大的意志力、毅力和抗压能力。学术素质是体育人才必备的学术能力，体育人才要具备扎实的学科知识和学术素养，能够不断学习和更新知识。创新素质是体育人才必备的创新能力，体育人才要具备开拓创新的精神和能力，能够在实践中不断探索和创造。综合素质是体育人才培养的基础，只有具备全面的综合素质，才能培养出优秀的体育人才。

专业技能是体育人才培养的重点。体育人才要具备扎实的专业技能，包括基本技能、专业技能和实践能力等。基本技能是体育人才必备的基本动作和基本技术，体育人才要通过反复练习和训练，掌握和熟练运用各种基本技能。专业技能是体育人才在特定领域的专业技术和技能，体育人才要通过专业学习和实践训练，掌握和熟练运用专业技能。实践能力是体育人才在实际工作中解决问题和应对挑战的能力，体育人才要通过实践锻炼，提高实践能力。专业技能是体育人才培养的重点，只有具备扎实的专业技能，才能在实践中发挥作用和取得成绩。

综合素质与专业技能的并重是体育人才培养的基本要求。只有综合素质与专业技能并重，才能培养出具备高素质和高技能的体育人才。在培养过程中，要注重综合素质和专业技能的有机结合，既要注重培养学生的思想道德素质、身心素质、学术素质和创新素质等综合素质，也要注重培养学生的基本技能、专业技能和实践能力等专业技能。通过有机结合，培养学生全面发展，既具备高素质又具备高技能，能够适应和应对体育发展的需求和挑战。

综合素质与专业技能的并重在体育人才培养方案中的具体实施可以从以下几个方面进行。首先，要在课程设置中兼顾综合素质和专业技能的培养。通过设置综合素质教育课程和专业技能培养课程，全面培养学生的综合素质和专业技能。其次，要在教学方法上注重综合素质和专业技能的培养。通过采用多种教学方法，如案例教学、实践教学、项目教学等，培养学生的综合素质和专业技能。再次，要在实践环节中强化综合素质和专业技能的培养。通过实践教学、实习实训等实践环节，培养学生的实践能力和综合素质。最后，要在评价体系中综合考核综合素质和专业技能。通过综合评价和综合考核，全面评估学生的综合素质和专业技能。综合素质与专业技能的并重是体育人才培养方案中的重要内容，只有在实施中充分考虑综合素质和专业技能的培养，才能培养出具备高素质和高技能的体育人才。

（三）个性发展与团队合作的统一

个性发展指的是个体根据自身的兴趣、特长和目标进行发展和提升。在体育人才培养中，个性发展的重点是让学生在自己的兴趣领域和擅长项目中进行深入研究和专业发展。这可以通过提供丰富的选修课程和专业导师的指导来实现。比如，学生可以选择参加特定项目的训练班，或者参与科研项目，深入研究自己感兴趣的领域。通过个性发展的培养，体育人才可以在自己的专业领域中取得更高的成就，提升自己的竞争力。

团队合作是体育人才培养方案中另一个重要的方面。团队合作指的是个体与他人协作，共同完成团队目标的能力。在体育领域，团队合作尤为重要，因为体育项目往往需要团队成员之间的高度配合和默契。体育人才需要具备协作能力和团队精神，能够与他人合作，共同完成团队目标。为了培养团队合作能力，体育人才培养方案可以通过组建运动队、定期进行团队训练和比赛等方式来培养学生的团队合作能力。此外，体育人才还可以参与团队项目的科研和实践活动，通过与他人的合作来提高自己的团队合作能力。

个性发展与团队合作的统一是体育人才培养方案中一个重要的考虑因

素。个性发展和团队合作作为两个互相依存的方面，对于体育人才的培养都具有重要意义。在个性发展方面，体育人才应该被鼓励和支持在自己的兴趣领域和擅长项目中进行深入研究和专业发展。而在团队合作方面，体育人才需要具备协作能力和团队精神，能够与他人合作，共同完成团队目标。个性发展和团队合作的统一可以通过提供相应的培养机会和环境来实现，例如提供丰富的选修课程和科研项目，组建运动队和定期进行团队训练和比赛等。通过个性发展和团队合作的统一，体育人才可以在自己的专业领域中取得更高的成就，同时也能够与他人合作，共同完成团队目标，为体育事业的发展做出贡献。

因此，体育人才培养方案的设计需要兼顾学生个体发展和整体素质提升，为学生的未来发展奠定坚实的基础。

五、培养过程融入思政教育

体育思政教育的重要性体现在多个方面。首先，体育作为一种特殊的教育形式，具有锻炼意志、培养团队合作精神、促进身心健康的功能，能够有效强化学生的思想道德教育。其次，体育活动本身就是一种思政教育的载体，通过体育实践，学生可以在锻炼中培养自律自强的品质，增强集体荣誉感和责任感。最后，体育思政教育可以丰富学生的课余生活，提高学生的身心素质，有利于学生全面发展。因此，将体育人才培养融入思政教育是十分必要和重要的。

（一）体育思政教育的重要性

体育思政教育是体育人才培养中的重要组成部分，其重要性不可忽视。首先，体育思政教育有助于培养学生正确的价值观和人生观。在体育活动中，学生们不仅能够磨炼身体，还能够感受到团队合作、拼搏奋进的精神，这些都是培养学生正确价值观和人生观的重要途径。通过体育思政教育，学生们能够树立正确的人生目标，明确自己的责任和使命，培养健康向上、团结友爱的精神风貌。

可以促进学生的综合素质发展。体育思政教育不仅仅是传授知识，更是培养学生的创新思维、团队合作能力、领导力等综合素质。在体育活动中，学生们需要通过合作、竞争等方式完成各种任务，这不仅能够培养学生的团队合作意识和创新思维，还能够提高学生的身体素质和心理素质。通过体育思政教育，学生们能够全面发展自己的能力，提升自己的综合素质。

有助于培养学生的社会责任感和公民意识。在体育活动中，学生们需要遵守规则、尊重他人、关心他人，这些都是培养学生社会责任感和公民意识的重要环节。通过体育思政教育，学生们能够认识到自己是社会的一员，应该为社会做出贡献，培养学生的社会责任感和公民意识，使他们成为有道德、有责任心的公民。

有助于提高学生的身心健康水平。体育活动是一种非常有效的身心健康的方式，通过体育活动，学生们能够锻炼身体、释放压力，保持良好的身心健康状态。通过体育思政教育，学生们能够养成良好的生活习惯，提高自己的身体素质，预防疾病，保持身心健康。

（二）如何将体育教育与思政教育有效结合

在将体育教育与思政教育有效结合的过程中，我们需要关注以下几个方面。

我们应该明确体育教育和思政教育的目标和内涵。体育教育旨在培养学生的身体素质和健康意识，提高他们的运动技能和竞技水平。而思政教育则是培养学生的思想道德素质和社会责任感，引导他们树立正确的世界观、人生观和价值观。在将二者结合时，我们需要明确体育教育与思政教育的共同点和差异，以便更好地融合二者。

我们需要设计合适的教学内容和方法。在融合体育教育和思政教育时，我们可以通过体育活动来传递思政教育的核心价值观。例如，在体育比赛中，我们可以强调团队合作、公平竞争和友谊第一的精神，借此培养学生的集体主义意识和社会责任感。同时，我们也可以通过体育课程中的讨论和反思，引导学生思考体育运动对个人和社会的意义，培养他们正确的价值观和人生观。

此外，我们还应该注重师生互动和实践教学。在将体育教育与思政教育结合时，教师需要起到引导和激发学生思考的作用。通过与学生的互动，教师可以引导学生思考体育运动在社会中的作用和影响，帮助他们理解体育与社会、政治、经济等各方面的关系。同时，我们还可以组织学生到社区、学校等地参与实践活动，通过实践体验，让学生更加深入地理解思政教育的内涵和意义。

评价体育教育与思政教育的有效结合。在将二者结合的过程中，我们需要建立相应的评价体系，对学生的体育素质和思想道德素质进行科学评价。评价的内容不仅包括学生在体育活动中的表现和成绩，还应该包括学生对思政教育的理解和应用能力。通过科学的评价体系，我们可以及时发现学生的不足之处，并针对性地进行指导和培养，以促进他们全面发展。

（三）优化思政教育内容与方式

在体育人才培养融入思政教育的过程中，优化思政教育内容与方式是非常重要的。优化思政教育内容与方式可以提高教育的针对性和有效性，使学生更好地理解和接受思政教育。本节将从以下几个方面进行详细讨论。

注重培养学生的思想道德素养。体育人才培养不仅仅是培养学生的体育技能，更重要的是培养学生的思想道德素养。因此，在思政教育内容中应该注重培养学生的爱国主义情感、社会主义核心价值观、法治观念等。这些内容可以通过讲解典型案例、组织社会实践、开展讲座等方式进行教育。

关注学科特点和实际需求。体育人才培养具有一定的专业性和实践性，因此，在思政教育内容中应该结合学科特点和实际需求，注重培养学生的专业素养和实践能力。例如，可以开设专门的体育人文课程，让学生了解体育领域的重要人物、事件和理论，通过实践教学和实习实训等方式提高学生的实践能力。

方式需要多元化和灵活性。传统的课堂教学方式在今天的教育中已经不能完全满足学生的需求，因此，在思政教育中应该采用多元化和灵活性的教学方式。例如，可以通过小组讨论、案例分析、角色扮演等方式进行教学，激发学生的思考和参与度。同时，还可以利用现代科技手段，如网络教学平台、在线学习资源等，拓宽教学渠道，提供更多的学习资源和机会。

加强教师队伍建设。教师是思政教育的主体，他们的素质和能力直接影响思政教育的质量和效果。因此，要加强对思政教育教师的培养和培训，提高他们的教学能力和思政教育水平。同时，还要建立健全教师评价和激励机制，激发教师的积极性和创造性，推动思政教育的不断发展和创新。

六、区域体育与学校体育的有机结合

区域体育与学校体育的有机结合，作为体育人才培养体系构建中的重要组成部分，具有重要的意义与价值。区域体育作为地方性体育活动的重要载体，承载着传承地方体育文化、促进群众体育健身、培养体育人才等多重使命，为学院体育提供了丰富的资源与实践平台。同时，区域体育政策的制定与实施，对学院体育的发展也具有重要的影响。区域体育与学院体育的有机结合，将为体育人才培养体系的多方协同发展提供有力支撑。

（一）区域体育的意义与价值

区域体育是指将体育活动与特定地区的文化、经济和社会发展相结合，形成一种具有地域特色的体育发展模式。区域体育的意义与价值是多方面的，既体现在促进地方经济发展和社会进步方面，也展现在塑造地方文化和促进社会和谐方面。

对于地方经济发展具有积极的推动作用。通过举办各类体育赛事和培养优秀运动员，可以吸引大量的游客和观众，增加地方的旅游收入和消费支出。同时，体育产业的发展也能够带动相关产业的繁荣，如体育用品制造、体育场馆建设等，进一步促进地方经济的发展。

对于地方社会进步具有重要意义。通过体育活动的开展，可以提高地方居民的身体素质和健康水平，增强社会的整体素质。此外，体育活动还能够培养人们的团队合作精神、拼搏精神和竞争意识，促进社会和谐和公民道德的培养。通过区域体育的推动，可以建立起一个积极向上、充满活力的社会氛围，为地方社会的进步和发展提供动力。

对于地方文化的塑造和传承也具有重要意义。每个地方都有自己独特的文化传统和特色，通过区域体育的开展，可以将地方文化与体育活动相结合，形成具有地域特色的体育文化。这不仅可以宣传和弘扬地方文化，还能够提高地方居民对自己文化的认同感和自豪感。同时，区域体育还可以促进不同地区之间的文化交流和融合，增进地方之间的友谊和合作。

区域体育的意义与价值是多方面的，包括促进地方经济发展、推动地方社会进步和塑造地方文化等。通过充分发挥区域体育的优势和特色，实现资源共享和优势互补，可以为地方的发展和进步做出积极的贡献。

（二）区域体育资源与学校体育的结合

区域体育资源与学校体育的结合是体育人才培养体系构建中至关重要的一环。本节将从两个方面来探讨这种有机结合的具体方式和意义。首先，我们将从区域体育资源的角度来分析这种结合的内涵和作用，然后从学校体育的角度来探讨如何与区域体育资源进行有效融合。

在区域体育资源与学校体育的结合中，区域体育资源发挥着重要的作用。区域体育资源包括体育场馆、运动器材、专业教练员等，这些资源是学院体育所必需的基础设施和专业技术支撑。通过与区域体育资源的合作与共享，学校体育能够充分利用这些资源，提高体育教学和训练的质量和水平。

学校体育也为区域体育资源提供了重要的补充和延伸。学校体育通过培养和输送优秀的体育人才，为区域体育资源的持续发展提供了源源不断的人才支持。学校体育的专业教育和训练体系能够培养出具备专业素养和实践能力的体育人才，这些人才将成为区域体育资源的重要组成部分，为区域体育事业的发展提供源源不断的动力。

为了实现区域体育资源与学校体育的有机结合，我们需要采取一系列的措施和策略。首先，要建立健全的区域体育资源共享机制，通过与地方政府、体育场馆等相关机构合作，确保学校体育能够充分利用区域体育资源。其次，要加强学校体育与区域体育资源的深度融合，通过开展联合培养、实践教学等方式，将区域体育资源融入学院体育的教育和训练中。此外，还要加强学校体育与区域体育资源的信息共享和互动交流，通过建立学校体育与区域体育资源的沟通平台，促进双方的合作与交流。

区域体育资源与学校体育的有机结合对于体育人才培养体系的构建具有重要的意义。首先，它能够提高学院体育的实践教学水平和教学质量，使学生能够更好地将所学理论知识运用到实践中。其次，它能够为学生提供更广阔的发展空间和机会，使他们在实践中不断锻炼和提升自己的实践能力和专业素养。最后，它能够推动区域体育资源的优化和升级，促进区域体育事业的可持续发展。

通过加强区域体育资源与学校体育之间的合作与共享，能够提高学校体育的教育质量和实践效果，为培养高素质的体育人才提供更好的条件和机会，同时推动区域体育事业的发展和提升，促进体育人才培养体系的可持续发展。

（三）区域体育政策与学校体育的协同发展

区域体育政策与学校体育的协同发展是当前体育人才培养体系构建中不可忽视的关键要素。区域体育政策是指政府在区域范围内制定的促进体育发展的政策措施，而学院体育则是指学校内部的体育教育和培养体系。区域体育政策与学校体育的协同发展旨在通过政策引导和学校资源的整合，实现区域体育与学校体育的有机结合，推动体育人才培养体系的优化和发展。政府可以出台优惠政策，鼓励学校加强体育人才培养，提供资金支持和政策激励，以推动学校体育的发展。同时，政府还应该加大对区域体育设施建设的投入，提高体育场馆的使用效率，为学院体育提供更好的场地和设施条件。同时，学校还应该主动与相关体育组织和机构进行合作，共同开展培训和交流活动，为学生提供更广阔的学习和实践平台。

七、体育人才培养体系的评价与优化

体育人才培养体系的评价与优化是体育人才培养体系构建过程中至关重要的一环。通过对体育人才培养体系的评价，可以全面客观地了解其实际效果和存在的问题，为下一步的优化提供依据。以下将从体育人才培养体系的评价指标、评价结果的分析与应用以及体育人才培养体系的优化策略三个方面展开讨论，旨在为体育人才培养体系的不断完善提供思路和方法。

（一）体育人才培养体系的评价指标

体育人才培养体系的评价指标是评估体育人才培养体系是否达到预期目标的重要工具。通过合理选择和使用评价指标，可以客观地反映体育人才培养体系的效果和问题，并为优化和改进提供依据。

评价指标应当具备科学性、全面性、可操作性和可比性。科学性指评价指标应该基于理论研究和实践经验，具备科学性和可信度；全面性指评价指标应该覆盖体育人才培养的各个方面和环节，包括教学质量、学科建设、师资队伍、教学设施等；可操作性指评价指标应该易于测量和收集相关数据，能够反映实际情况；可比性指评价指标应该具备可比较性，能够进行横向和纵向的比较。

在选择评价指标时，可以参考以下几个方面：

素质评价指标：包括学生的体育技能水平、体育素养、体育教育理念等方面。可以通过考试成绩、学生体测数据、学生自评等方式进行评价。

教师评价指标：包括教师的教学水平、教学方法、教学态度等方面。可以通过学生评价、同行评价、专家评价等方式进行评价。

教学资源评价指标：包括教学设施、实验仪器、教材教辅资料等方面。可以通过实地考察、设备设施的数量和质量等方式进行评价。

课程设置评价指标：包括课程设置的科学性、系统性、完整性等方面。可以通过课程大纲、教学计划、课程评价等方式进行评价。

教学管理评价指标：包括教学管理的规范性、科学性、有效性等方面。可以通过教学管理制度、教学管理组织架构、教学管理效果等方式进行评价。

教学成果评价指标：包括学生的学习成果、科研成果、竞赛成果等方面。可以通过学生的毕业论文、科研项目成果、竞赛获奖情况等方式进行评价。

以上仅是一些评价指标的示例，具体的评价指标应根据实际情况进行选择和确定。在确定评价指标时，需要充分考虑体育人才培养的特点和目标，兼顾定量和定性指标，确保评价指标的科学性和可操作性。

（二）评价结果的分析与应用

本节主要通过对体育人才培养体系评价结果的分析，探讨如何将评价结果应用于体育人才培养体系的优化。首先，我们将介绍评价结果的具体内容，包括对体育人才培养目标的达成度、培养过程的质量和效果以及培养成果的综合评估等方面的评价。其次，我们将基于评价结果，分析体育人才培养体系存在的问题和不足之处，明确需要进行优化的方向和重点。最后，我们将探讨如何应用评价结果进行体育人才培养体系的优化，包括调整培养目标、改进培养过程、优化培养资源配置以及加强培养成果的应用与转化等方面的措施。通过对评价结果的深入分析和应用，可以为体育人才培养体系的改进和优化提供理论依据和实践指导，进一步提升体育人才培养的质量和效果。

评价结果是对体育人才培养体系进行全面评估的反馈信息，包括对培养目标的达成度、培养过程的质量和效果以及培养成果的综合评估等方面的评价。首先，对于培养目标的达成度评价，可以从学生的知识、能力和素质等方面进行评估，如学生在专业知识、运动技能、教学能力、领导能力等方面的表现。其次，对于培养过程的质量和效果的评价，可以从教学方法、教学资源、教学环境等方面进行评估，如教师的教学水平、教学设施的完善程度、教学环境的舒适度等。最后，对于培养成果的综合评估，可以从学生的就业情况、继续深造情况、社会认可度等方面进行评价，如学生就业率、就业质量、继续深造率以及校企合作的效果等。

通过对评价结果的分析，我们可以发现体育人才培养体系存在的问题和不足之处。首先，培养目标的达成度可能存在差异，一些学生可能在某些方面表现出色，而在其他方面表现较差。其次，培养过程可能存在不合理的教学方法和资源配置，导致学生的学习效果不佳。再次，培养成果的综合评估可能存在主观因素和不全面的问题，无法全面反映学生的综合素质和能力。此外，校企合作的效果可能不尽如人意，无法有效提升学生的实践能力和就业竞争力。

为了应对上述问题和不足，我们可以采取一系列措施进行体育人才培养体系的优化。首先，我们可以调整培养目标，明确学生的培养方向和要求，使其与社会需求和行业发展相匹配。其次，我们可以改进培养过程，优化教学方法和资源配置，提升学生的学习效果和综合素质。再次，我们可以加强校企合作，提升学生的实践能力和就业竞争力，使其更好地适应社会需求。最后，我们可以加强培养成果的应用与转化，推动学生的就业和继续深造，提升培养成果的社会认可度和实际效果。

（三）体育人才培养体系的优化策略

体育人才培养体系的优化策略是指通过改进和完善体育人才培养的各个

环节和要素，以提高培养效果和培养质量。本节将从以下几个方面探讨体育人才培养体系的优化策略。

加强对体育人才培养的规划和设计。体育人才培养体系的规划和设计是培养体系的基础和核心，要充分考虑体育人才培养的目标、内容、方法和评价等方面的要求。在规划和设计过程中，应该注重培养目标的科学性和针对性，确保培养出的体育人才能够适应社会和发展的需求。此外，还要注重培养体系的整体性和系统性，确保各个环节和要素之间的协调和衔接。

加强对师资队伍的建设和培养。师资队伍是体育人才培养的重要保障，只有素质过硬的师资队伍，才能够提供高质量的教学和指导。因此，要通过加强师资队伍的培养和引进，提高师资队伍的整体素质和专业水平。此外，还要注重师资队伍的结构和配置，确保各个学科和专业都有合适的师资力量。

加强教学方法和手段的改进和创新。教学方法和手段是体育人才培养的关键环节，直接影响到培养效果和培养质量。因此，要加强对教学方法和手段的研究和改进，注重培养体系的灵活性和多样性。特别是要充分利用现代教育技术手段，提高教学效果和教学效率。同时，还要注重培养体系的实践性和创新性，通过实践教学和创新实验等方式，培养学生的实践能力和创新精神。

加强评价体系的建设和完善。评价体系是体育人才培养的重要组成部分，可以反映出培养效果和培养质量。因此，要建立科学合理的评价体系，注重培养体系的全面评价和动态评价。特别是要注重对学生综合素质和能力的评价，不仅注重学术成绩的评价，还要注重学生的实践能力、创新能力和综合素质的评价。同时，还要注重对教师教学水平和教学效果的评价，为教师的专业发展提供科学的依据和指导。

加强与社会和企业的合作与交流。社会和企业是培养体系的重要资源和支持，只有与社会和企业密切合作，才能够更好地满足社会和企业的需求。因此，要加强与社会和企业的合作与交流，通过实习实训、合作研究等方式，提高培养体系的实践性和适应性。同时，还要注重与社会和企业的信息共享和资源共享，为培养体系的优化和发展提供有力支持。

体育人才培养体系的优化策略包括加强规划和设计、加强师资队伍建设和培养、改进和创新教学方法和手段、建设和完善评价体系以及加强与社会和企业的合作与交流等方面。通过这些优化策略的实施，可以进一步提高体育人才培养的效果和质量，为体育人才培养体系的可持续发展提供有力支撑。

因此，体育人才培养体系的评价与优化工作需要不断探索和实践，结合实际情况，制定出更加科学、合理的策略和措施。

八、体育人才培养体系的可持续发展

体育人才培养体系的可持续发展是体育教育领域中一个至关重要的议题。在当前社会背景下，体育教育的可持续发展问题已经成为人们关注的焦点。学校体育教育的可持续发展策略需要综合考虑教学资源、师资队伍建设、课程体系优化等多方面因素。同时，体育人才培养体系的可持续发展建议也需要从多个层面提出，以确保体育人才培养体系能够持续稳定地为社会培养优秀的体育人才。

（一）体育教育的可持续发展问题

体育教育的可持续发展问题是体育人才培养体系构建中的重要环节，关系到体育人才培养体系的长期稳定和发展。本节将从以下几个方面进行探讨和分析。

注重基础教育和专业教育的有机结合。体育人才培养体系应该从初中、高中等基础教育阶段开始，通过体育课程的设置和体育特色学校的建设，培养学生的体育兴趣和基本技能。同时，在大学阶段，应该进一步加强专业教育，培养学生的专业素养和实践能力。只有基础教育和专业教育的有机结合，才能够实现体育教育的可持续发展。

需要加强师资队伍建设。优秀的教师是体育教育可持续发展的关键。要加强对体育教师的培养和培训，提高他们的专业素养和教学水平。同时，要建立健全体育教师的激励机制，吸引更多的优秀人才从事体育教育工作。只有建立高水平的师资队伍，才能够保证体育教育的可持续发展。

需要加强学校和社会资源的合理配置。学校和社会资源是体育教育的重要支撑。要合理配置体育场地、器材和教育经费等资源，保障体育教育的开展。同时，要加强学校和社会资源的共享和互补，建立校企合作的机制，充分利用社会资源的力量，推动体育教育的可持续发展。

加强评价体系的建设。建立科学、全面的体育教育评价体系，可以促进体育教育的不断改进和提高。评价体系应该包括学生的学业成绩、体育技能和综合素质等方面，同时要注重对教师的评价和激励。只有建立科学的评价体系，才能够推动体育教育的可持续发展。

只有做好以上方面工作，才能够实现体育教育的可持续发展。

（二）学校体育教育的可持续发展策略

学校体育教育的可持续发展策略是体育人才培养体系构建的重要组成部分。学校作为培养体育人才的主要场所，其教育策略的可持续发展对于培养优秀体育人才具有重要意义。本节将从教学内容、教学方法、教师队伍建设和教学资源保障四个方面，探讨学校体育教育的可持续发展策略。

1. 教学内容的可持续发展策略

学校体育教育的可持续发展首先需要关注教学内容的更新与优化。体育教育的内容应该与时俱进，紧跟体育发展的最新动态。学校可以通过引入新的体育项目、更新教材和教学大纲等方式，确保教学内容与时俱进。此外，还需要注重培养学生的综合素质，包括身体素质、技能水平、协作能力、创新能力等方面的培养，以适应社会对体育人才的需求变化。

2. 教学方法的可持续发展策略

教学方法的可持续发展是学校体育教育的重要保证。传统的体育教学方法已经无法满足现代学生的需求，需要不断创新和改进。学校可以采用多元化的教学方法，如项目化教学、案例教学、问题导向教学等，以激发学生的学习兴趣和主动性。此外，还可以借助现代技术手段，如虚拟现实、智能设备等，提供更加丰富多样的学习体验，促进学生的全面发展。

3. 教师队伍建设的可持续发展策略

教师队伍建设是学校体育教育可持续发展的关键。学校应该重视教师的专业知识和教学能力的提升，培养一支高素质、专业化的教师队伍。为此，学校可以加强教师的培训与交流，提供专业化的教育培训课程，提升教师的专业水平和教学能力。同时，还可以建立教师激励机制，鼓励教师积极参与学术研究和教学创新，提高教师的教学效果和学术水平。

4. 教学资源保障的可持续发展策略

教学资源的保障是学校体育教育可持续发展的重要保证。学校应该注重配置和利用教学资源，包括场地设施、器材设备、教学材料等。为了保障教学资源的可持续发展，学校可以加强与社会资源的合作，与企业、社区等建立合作关系，争取更多的资源支持。同时，学校还可以通过建立资源共享机制、优化资源配置等方式，实现教学资源的合理利用和可持续发展。

（三）体育人才培养体系的可持续发展建议

在探讨体育人才培养体系的可持续发展时，我们提出了以下建议。

第一，需要加强体育人才培养体系的顶层设计。这意味着我们需要建立一个统一的指导思想和目标，明确体育人才培养的方向和重点。在顶层设计中，我们应该考虑到不同层次和不同类型的体育人才培养需求，制订相应的培养计划和课程设置。这样可以确保体育人才培养体系的可持续发展，使其能够适应社会发展的需求。

第二，我们需要加强体育人才培养体系的教学方法和手段。在教学方法上，我们可以采用多元化的教学方式，如案例教学、实践教学和问题导向教学等，以培养体育人才的实践能力和创新精神。同时，我们还可以利用现代信息技术手段，如网络教学、虚拟实验室和远程教育等，提高体育人才培养的效果和质量。

第三，我们需要加强体育人才培养体系与社会的对接。这意味着我们需要积极与社会各界建立合作关系，加强校企合作和社会实践，使体育人才培养与实际需求紧密结合。通过与社会的对接，我们可以更好地了解社会对体育人才的需求，及时调整培养方案和课程设置，以适应社会的发展需求。

第四，我们需要加强体育人才培养体系的评价与优化。在评价方面，我们应该采用多元化的评价方法，不仅要注重学生的学术表现，还要注重学生的实践能力和综合素质。通过多元化的评价方法，我们可以更全面地了解学生的培养效果，为其提供有针对性的培养指导。同时，我们还需要不断优化体育人才培养体系，及时调整培养方案和课程设置，以适应社会的发展需求。

第五，我们需要加强对体育人才培养体系的宣传和推广。通过宣传和推广，我们可以提高社会对体育人才培养体系的认知度和认可度，增强社会对体育人才培养的支持和合作意愿。同时，我们还可以吸引更多的优秀人才参与体育人才培养，为体育人才培养体系的可持续发展提供更广泛的支持。

为了实现体育人才培养体系的可持续发展，我们需要加强顶层设计，加强教学方法和手段，加强与社会的对接，加强评价与优化，加强宣传和推广。

第四章

体育教学模式改革

体育教学模式是指在一定体育教学思想指导下，围绕着某一目标理念，由教学结构、过程、方法等基本构成要素所形成的一种稳定、系统的教学模型。1998 年毛振明在《体育教学模式论》一文当中明确提出："到底用什么来建立教学模式，或者说具有了什么要素才能真正成为模式"，并围绕这一问题对体育教学模式的建立展开探讨，具体包括建立依据、稳定性、可实践性、特性、对应维度等五个基本属性，其中体育教学模式建立依据包括对教学指导思想、教学规律与原理的认识。 邹师认为体育教学模式应该结合体育教学的特殊性来分类，具体分类形式主要从五个方面来进行：一是按照蕴含现代教育理论分为现代教育、素质教育、心理学理、社会学、系统科学等理论模式；二是按教学目标分为高素质、掌握技能、激发学习兴趣、自我健身体验乐趣与培养学生能力等教学模式；三是按教学方法分为现代教育技术、交互式、策略、自主、情景式与讨论式等学习模式；四是按教学组织形式分为技术辅导、集体学习、个别化学习、合作式学习、俱乐部式与课内课外一体化等教学模式；五是按课的类型分为理论课、新授课、复习课、素质课、考试课等学习模式。而近些年，教学模式使用最多的有线上线下混合式教学模式行动导向教学模式、翻转课堂教学模式、BOPPPS 教学模式等。进入新世纪，面对传统体育教学模式变革的要求、学校体育教学改革的要求以及现代社会为体育教学模式变革提供的条件，体育教学模式呈多样化发展的态势。

一、体育教学模式的现状分析

体育人才培养教学模式作为当前教育领域中备受关注的重要议题，其改革与发展关乎着我国体育人才培养体系的建设和未来发展。以下将从体育人才培养的背景与意义、现行体育人才培养教学模式的特点以及存在的问题与挑战三个方面展开深入分析，旨在全面了解当前体育人才培养教学模式的现状，为后续的改革与发展提供理论和实践上的支撑。

（一）体育人才培养的背景与意义

在当今社会，体育产业日益兴盛，对优秀的体育人才的需求也日益增长。而被视为培养体育人才的重要阵地，其体育人才培养的背景与意义显得尤为重要。首先，作为专门培养体育人才的教育机构，其肩负着培养高素质、专业化体育人才的使命。这些人才不仅需要具备出色的运动技能，还需要具备良好的心理素质、团队合作能力和领导才能，以应对日益激烈的体育竞争和复杂多变的社会环境。其次，体育人才培养的意义在于为国家培养优秀的运动员和体育教练员，为体育强国建设提供坚实的人才支撑。此外，体育人才培养还为学生提供了更多的就业机会，拓宽了学生的职业发展路径，促进了社会的全面发展和进步。综上所述，体育人才培养的背景与意义非常重大，对于提升国家的体育竞争力和社会的发展水平具有重要意义。

（二）现行体育人才培养教学模式的特点

现行体育人才培养教学模式具有以下几个显著特点。

注重实践能力的培养。在教学过程中，学生将会通过大量的实践操作来锻炼和提升自己的技能水平。这种实践性的教学模式能够更好地将理论知识与实际操作相结合，使学生能够更好地掌握所学的知识和技能。

注重个性化教学。在教学过程中，教师会根据学生的特点和需求，量身定制个性化的教学方案。这种个性化的教学模式能够更好地满足学生的学习需求，使学生能够更好地发挥自己的潜力。

注重实践与理论的结合。在教学过程中，教师会将理论知识与实践操作相结合，通过实际案例和实践活动来加深学生对理论知识的理解和掌握。这种实践与理论相结合的教学模式能够更好地培养学生的综合能力和解决问题的能力。

注重培养学生的创新能力。在教学过程中，教师会鼓励学生提出自己的观点和想法，并培养学生的创新思维和创新能力。这种注重培养学生创新能力的教学模式能够更好地培养学生的创新精神和实践能力。

现行体育人才培养教学模式注重实践教学与职业发展的结合。在教学过程中，教师会引导学生将所学的知识与实际职业发展相结合，帮助学生更好地理解和掌握所学的知识，并为将来的职业发展做好准备。这种实践教学与职业发展结合的教学模式能够更好地培养学生的职业素养和职业能力。

（三）存在的问题与挑战

体育人才培养教学模式在实践中面临着一些问题和挑战。首先，教学资源不足是一个突出的问题。通常拥有有限的教学资源，包括场地、设备和教师。由于体育教学的特殊性，需要大量的场地和设备支持。另外，由于体育人才培养教学模式的特点，需要专业的体育教师，而这种教师的供给也相对不足，这也给教学模式的实施带来了困难。

评估体系不完善问题。体育人才培养教学模式改革的效果评估与监督是非常重要的，但目前的评估体系还不够完善。还有评估指标不明确、评估方法单一、评估结果不能真实反映教学质量等问题存在。这使得难以准确评估教学模式的改革效果，无法及时发现问题并采取相应的对策。

实施过程中的管理问题。体育人才培养教学模式的改革需要有良好的管理体系来保证实施的顺利进行。然而，由于管理机制相对较为简单，存在管理层次低、管理手段单一等问题。这使得教学模式的改革面临着管理上的挑战，难以保证教学模式的顺利实施和推广。

社会认可度问题。体育人才培养教学模式改革需要得到社会各界的支持和认可。然而，由于体育教育的特殊性，社会对其价值和作用的认可度相对较低。这使得体育人才培养教学模式难以获得足够的资源和支持，限制了教学模式改革的推进。

教学模式改革的长期性问题。教学模式的改革需要一个长期的过程，需要持续地投入和努力。然而，由于各种原因，体育人才培养教学模式改革往往面临着中途放弃、效果不明显等问题，长期性的改革难以得到保证。

二、国内外体育人才培养教学模式的比较研究

国内外体育人才培养教学模式的比较研究是本文的关键章节之一，通过对国内外体育人才培养教学模式的发展历程和特点进行深入比较分析，旨在揭示不同教学模式之间的差异和互补性，为我国体育人才培养教学模式的改革提供有益的启示和借鉴。

（一）国内体育教学模式的发展历程

在国内，体育教学模式的发展历程可以追溯到 20 世纪 80 年代初。在此之前，的体育教学主要以传授基本技能和知识为主，缺乏对学生综合素质的培养和发展。随着教育改革的深入推进，体育教学也面临着新的挑战和需求。

在改革开放初期，体育教学主要以军事化训练为主导，注重学生的体能和纪律训练。这种模式强调身体素质的培养，但忽视了学生的兴趣和个性发展。随着社会对人才培养的需求不断提高，人们开始关注体育教学模式的改革和创新。

在 20 世纪 90 年代初，随着经济的快速发展和社会的多元化需求，体育教学模式开始向多元化、专业化的方向发展。学校逐渐引入国外先进的体育教学理念和方法，并结合国内实际情况进行改革。这一时期，开始注重学生的综合素质培养，加强对学生体育兴趣和特长的培养。

进入 21 世纪，随着信息技术的快速发展和社会的全面进步，体育教学模式进一步推进了改革和创新。学校逐渐引入现代教育技术手段，如多媒体教学、网络教学等，提高了教学效果和学生的学习兴趣。同时，学校还加强了与企业和社会的合作，拓宽了学生的就业渠道和发展空间。

在当前，国内体育教学模式的发展已经取得了一定的成就，但仍存在着一些问题和挑战。例如，一些地区和学校的师资力量不足，教学资源有限，教学设施不完善等。此外，由于体育教学模式的改革较晚，一些传统观念和教学方法仍然存在，需要进一步转变和创新。

国内体育教学模式的发展历程经历了军事化训练、多元化发展和现代化创新的阶段。随着社会对人才培养的需求不断提高，体育教学模式的改革和创新仍然任重道远。

（二）国外体育教学模式的特点与经验

国外体育教学模式的特点与经验在体育人才培养教学模式改革中具有重要的借鉴意义。通过对国外体育教学模式的深入研究，我们可以发现一些共同的特点和经验，进一步指导和完善我国的体育人才培养教学模式。

注重理论与实践的结合。他们认为，理论知识的学习和实际操作的训练是相辅相成的。因此，在课堂教学中，他们注重将理论知识应用到实践中，通过实践活动来巩固学生的知识掌握和技能运用能力。这种教学模式可以提高学生的实际操作能力，培养学生的创新思维和问题解决能力。

强调学生的主动参与和自主学习。他们认为，学生必须积极主动地参与到教学过程中，才能真正地学到知识和技能。因此，在教学过程中，他们鼓励学生提出问题、讨论问题，并通过课堂讨论、小组活动等方式促进学生的交流和合作。这种教学模式可以培养学生的自学能力和团队合作精神，提高学生的学习效果和综合素质。

注重实践教学的质量和效果评估。他们认为，实践教学是培养学生实际操作能力和解决问题能力的重要途径，但同时也需要对实践教学的质量和效果进行评估。因此，他们建立了一套完善的实践教学评估体系，通过考核和评价学生的实践表现，及时发现问题和不足，并及时采取措施进行改进和优化。

注重与企业的合作与交流。他们认为，培养职业人才的目标是为了满足社会和企业的需求，因此与企业的合作与交流是非常重要的。通过与企业的合作，他们可以了解企业的需求和要求，调整教学内容和方法，提高学生的就业竞争力。同时，通过与企业的交流，他们可以引进先进的教学资源和技术，提高教学质量和效果。

（三）比较分析与借鉴

在国内外体育人才培养教学模式的比较研究中，我们发现了一些值得借鉴的经验和启示。首先，国外在体育人才培养方面注重学生的实践能力培养，强调学生参与各类体育项目的实践操作，积极培养学生的专业技能和实际运用能力。这一点对于我国体育人才培养教学模式的改革具有重要的启示意义。我们可以结合国外经验，加强学生的实践训练，提高学生的专业技能水平，使学生能够在实际工作中胜任各类体育工作。

国外体育人才培养教学模式注重学生综合素质的培养，注重学生的创新能力、团队合作能力和跨学科综合能力的培养。这种培养模式对于我国体育人才培养教学模式的改革也具有一定的借鉴意义。我们可以引进国外的教学理念，加强学生的综合素质培养，提高学生的创新能力和团队合作能力，为学生的综合发展和未来职业发展打下良好基础。

在比较分析的过程中，我们还发现了国内体育人才培养教学模式的一些优势和特点。例如，国内在课程设置上更加注重专业知识的传授，注重培养学生的专业技能和专业知识水平。这对于我国体育人才培养教学模式的改革也提供了有益的借鉴。我们可以结合国内特色，继续加强专业知识的传授，注重学生的专业技能培养，使学生在专业领域具有较强的竞争力。

我们应当充分借鉴国外经验，结合国内特色，不断完善我国体育人才培养教学模式，提高教学质量，促进学生综合素质的全面提升。

三、体育人才培养教学模式改革的总体设计

本章将从改革目标与原则、改革内容与重点以及改革路径与策略三个方面对体育人才培养教学模式改革的总体设计进行深入阐述。通过对这些关键要素的详细分析，可以更好地把握体育人才培养教学模式改革的整体框架和核心内容，为后续的实施提供理论指导和实践支持。

（一）改革目标与原则

在体育人才培养教学模式改革中，确定清晰的改革目标和原则至关重要。首先，改革目标应以提高学生的综合素质和专业技能水平为核心，旨在培养适应社会需求的优秀体育人才。其次，应该注重培养学生的创新意识、实践能力和团队合作精神，以适应社会发展对体育人才的多元化需求。

在确定改革原则时，应当充分考虑体育人才培养的特点和需求。首先，应坚持以学生为中心，关注学生的个性发展和全面素质提升，促进学生自主学习和自我发展。其次，应坚持以实践为导向，注重理论与实践相结合，培养学生的动手能力和实际操作技能。同时，还要坚持以产业需求为导向，紧密结合体

育产业发展趋势，设置符合市场需求的教学内容和课程，以提高学生就业竞争力。

此外，改革原则还应包括注重师资队伍建设，提高教师的教学水平和专业素养，营造良好的教学氛围。同时，还要注重教学手段和方法的创新，积极引入现代化教学技术和手段，提高教学效果和教学质量。最后，改革原则还应强调评价体系的建立，建立科学合理的评价体系，全面评价学生的学习情况和综合素质，激发学生学习的积极性和主动性。

体育人才培养教学模式改革的目标应以学生为中心，注重综合素质和专业技能的提升；改革原则应包括学生导向、实践导向、产业导向、师资队伍建设、教学手段创新和评价体系建立。这些目标和原则的确立将有助于推动体育人才培养教学模式的改革，提高教学质量和培养出更符合社会需求的优秀体育人才。

（二）改革内容与重点

1. 改革内容概述

在体育人才培养教学模式改革中，改革内容主要包括课程设置、教学手段、评价体系和师资队伍建设等方面的调整。针对传统教学模式存在的问题，本次改革旨在提高教学质量，促进学生综合素质的全面发展，以及适应社会需求和体育产业发展的要求。

（1）课程设置调整

在课程设置方面，本次改革将重点优化体育专业课程体系，加强专业核心课程、拓展选修课程，提高课程的实用性和针对性。同时，还将引入跨学科的课程，促进体育与其他学科的融合，培养学生的综合素质和创新能力。

（2）教学手段创新

针对传统的教学方式和手段，本次改革将推动教学手段的创新，引入现代化教育技术，如虚拟现实、智能化设备等，提高教学效果和趣味性。同时，还将注重实践教学的开展，加强体育实训基地建设，提升学生的实践能力和专业技能。

（3）评价体系完善

改革将对评价体系进行全面优化，建立多元化的评价机制，包括课堂表现、实践能力、学术研究等多方面的评价指标，旨在全面了解学生的学习情况和发展水平，为个性化发展提供支持和指导。

（4）师资队伍建设加强

为了保障教学质量和改革顺利实施，本次改革将加强师资队伍建设，提高教师的教学水平和教育能力。通过引进外部专家、加强教师培训等措施，提高教师的专业素养和教学水平，为学生提供更优质的教育资源和教学支持。

2. 改革重点分析

（1）教学内容优化

改革的重点之一是教学内容的优化和调整。通过深入分析国内外体育教学模式的特点和优势，结合社会需求和学生发展需求，确定了新的教学内容体系，将专业知识与实践技能相结合，提高教学的实际效果和学生的学习动力。

（2）教学手段创新

改革的另一重点是教学手段的创新。通过引入先进的教育技术和设备，拓展教学手段的多样性，促进学生的主动学习和参与度，提高教学效果和教学质量，为学生提供更具竞争力的教育资源。

（3）评价体系完善

改革的重点还包括评价体系的完善。通过建立科学合理的评价指标体系，充分考虑学生的个性化发展需求，促进学生全面发展，提高教学评价的准确性和公正性，为学生提供更全面的评价和指导。

（4）师资队伍建设

改革的重点之一是师资队伍的建设。通过加强师资队伍建设，提高教师的教学水平和专业素养，为学生提供更优质的教学支持和指导，保障教学质量的稳步提升。

本节详细分析了体育人才培养教学模式改革的具体内容和重点，为后续实施提供了清晰的指导和支持。

（三）改革路径与策略

体育人才培养教学模式改革的路径和策略是实现改革目标的关键。在本节中，我们将探讨具体路径和策略，以指导实施过程中的改革措施。

体育人才培养教学模式改革的路径应该是整体性的、系统性的。这意味着改革不仅仅是对某一方面的改进，而是对整个教学模式进行全面的重构和优化。改革路径应该是由浅入深，分阶段进行的，以确保改革的顺利实施和效果的最大化。

体育人才培养教学模式改革的策略应该是多样化的、灵活的。因为不同的学校、不同的地区、不同的教育资源和条件都存在差异，所以改革策略应该因地制宜，根据实际情况进行调整和优化。改革策略可以包括制订合理的教学计划和课程设置、建设适应新教学模式的教育设施和设备、培养专业化的教师队伍、加强与行业合作等。

体育人才培养教学模式改革的路径和策略应该是科学的、可行的。改革路径和策略的制定应该基于充分的研究和调查，结合国内外相关领域的最新研究成果和经验，确保改革的科学性和可行性。同时，改革路径和策略的实施过程中应该进行充分的监测和评估，及时发现和解决问题，确保改革的顺利进行和效果的达到。

体育人才培养教学模式改革的路径和策略应该是可持续的、长期的。改革不是一蹴而就的过程，需要长期地坚持和努力。改革路径和策略应该考虑到长期发展的需要，制订长远的目标和计划，确保改革的可持续性和长期的效果。

只有在正确的路径和策略的指导下，改革才能顺利进行，取得良好的效果。因此，在实施改革过程中，学校和教育部门应该密切合作，共同制定和实施改革的路径和策略，为体育人才培养教学模式的改革提供有力的支持和保障。

四、体育人才培养教学模式改革的原则与基本思路

体育人才培养教学模式改革是为了适应时代的发展和社会的需求，提高体育人才培养的质量和效益，必须遵循一定的原则和基本思路。本节将详细介绍体育人才培养教学模式改革的原则和基本思路。

（一）原则

1. 科学性原则

体育人才培养教学模式改革应该基于科学的教育原理和体育教育理论，注

重理论与实践相结合，注重培养学生的创新意识和实践能力。在制订教学计划和教学方法时，应该充分考虑学生的发展特点和个体差异，采用科学的评价和反馈机制，以促进学生的全面发展。

2. 综合性原则

体育人才培养教学模式改革应该注重培养学生的综合素质，包括体育技能、体育知识、体育文化和体育精神等方面的综合能力。要注重学生的身心健康发展，培养学生的自主学习和合作学习能力，培养学生的团队合作精神和创新能力，培养学生的社会责任感和国际视野。

3. 实践性原则

体育人才培养教学模式改革应该注重培养学生的实践能力，通过实践教学和实践活动，促进学生的实践能力和创新能力的培养。要注重学生的实际操作能力和实际问题解决能力的培养，注重学生的实践经验和实践能力的培养。

4. 差异性原则

体育人才培养教学模式改革应该注重因材施教，根据学生的个体差异和发展需求，采用灵活多样的教学方法和评价方式，注重培养学生的个性特点和潜能发展。要注重学生的特长发展和兴趣培养，注重学生的个体差异和个性发展。

（二）基本思路

1. 全面发展思路

体育人才培养教学模式改革应该注重学生的全面发展，培养学生的专业素养和综合能力的培养。要注重学生的体育技能、体育知识、体育文化和体育精神的培养，注重学生的思维能力、创新能力和实践能力的培养，注重学生的自主学习和合作学习能力的培养。

2. 问题导向思路

体育人才培养教学模式改革应该注重学生的问题解决能力的培养，通过问题导向的教学和学习，培养学生的问题意识和问题解决能力。要注重学生的实践能力和实践能力的培养，注重学生的创新能力和创新思维的培养，注重学生的实践经验和实践能力的培养。

3. 开放性思路

体育人才培养教学模式改革应该注重学生的开放思维和国际视野的培养，通过开放性的教学和学习，培养学生的开放思维和跨文化交流能力。要注重学生的国际视野和跨文化交流能力的培养，注重学生的创新能力和国际竞争力的培养，注重学生的国际合作和国际交流的培养。

4. 持续改进思路

体育人才培养教学模式改革应该注重持续改进和不断创新，通过评价和反馈机制，促进教学模式的不断改进和优化。要注重教师的专业发展和教学能力的提升，注重教学资源的整合和共享，注重教学成果的评价和推广。

通过以上这些原则和思路的指导，可以推动体育人才培养教学模式的不断创新和进步，提高体育人才培养的质量和效益。

五、体育人才培养教学模式改革的重要举措

体育人才培养教学模式改革是当前体育教育领域的重要议题，为了更好地适应社会发展需求和培养出更具竞争力的体育人才，需要采取一系列重要举措。本章将深入探讨技术与理论教育相结合的改革措施、跨学科教学的推行与创新以及实践教学环节的优化与创新，以期为体育人才培养教学模式改革提供理论和实践的指导，促进体育人才培养教学模式的不断创新和进步。

（一）技术与理论教育相结合的改革措施

在体育人才培养教学模式改革中，技术与理论教育相结合是一项重要的改革措施。技术教育强调学生的实践操作能力，而理论教育则注重学生的理论知识和思维能力的培养。将这两者相结合，可以有效地促进学生综合素质的提升。

技术与理论教育相结合可以提高学生的实践操作能力。通过理论教育，学生可以学习到相关的理论知识，了解技术背后的原理和规律。而通过技术教育，学生可以进行实践操作，将理论知识应用于实际情境中。这样一来，学生不仅能够掌握理论知识，还能够将其运用于实践中，提高实践操作能力。

技术与理论教育相结合可以培养学生的创新能力。理论教育注重学生的思

维能力培养，培养学生的分析、综合和判断能力。而技术教育则注重学生的实践能力培养，培养学生的动手能力和解决问题的能力。将这两者相结合，可以培养学生的创新能力，使他们具备在实践中进行创新的能力。

此外，技术与理论教育相结合还可以提高学生的综合素质。理论教育可以拓展学生的知识面，提高他们的综合素质。而技术教育则可以培养学生的实践能力和动手能力，提高他们的综合素质。通过将这两者相结合，可以全面提升学生的综合素质，使他们具备更好的适应能力和竞争力。

针对技术与理论教育相结合的改革措施，我们可以采取以下措施。首先，可以设计一系列的课程，将理论教育和技术教育有机地结合起来。例如，在理论课程中引入实践案例，让学生在理论学习的同时进行实践操作。其次，可以建立实验室和实训基地，为学生提供实践操作的场所和设备。这样一来，学生可以在实践中巩固理论知识，提高实践操作能力。此外，还可以组织一些实践活动和竞赛，鼓励学生运用所学知识进行实践操作，培养他们的创新能力和综合素质。

（二）跨学科教学的推行与创新

跨学科教学是体育人才培养教学模式改革中的重要举措之一。在传统的体育教育中，往往只注重学生对体育专业知识的学习和掌握，而忽视了其他学科的融入。然而，现代社会对体育人才的需求不仅是掌握专业知识，还需要具备跨学科的综合能力。

1. 打破学科壁垒，促进不同学科之间的交流与合作，培养学生的综合素质。跨学科教学可以促进学生知识的整合与交叉应用。通过将体育学科与其他学科进行融合，可以让学生将所学的知识应用到不同的实际问题中，提高学生解决问题的能力。

2. 培养学生的创新思维和创新能力。不同学科的融合不仅可以拓宽学生的思维视野，还可以激发学生的创新潜力。通过跨学科的学习和研究，学生可以更好地发现问题、提出问题，并通过创新的方式解决问题。

3. 提高学生的团队合作能力。在跨学科的学习过程中，学生需要与来自不同学科背景的同学进行合作，共同完成一项任务或解决一个问题。这种合作模式可以培养学生的沟通、协作和领导能力，为将来进入社会工作打下良好的基础。

4. 采用项目驱动的教学模式，通过跨学科的课程设计和项目实践，激发学生的学习兴趣和主动性。同时，还可以借助信息技术手段，创新教学方式和教学工具，例如使用虚拟实验室、在线学习平台等，提高教学效果。

5. 整合不同学科的教学资源，设计并组织跨学科的教学活动。同时，也需要学校提供相应的支持和资源，包括建立跨学科教学团队、制定跨学科教学的课程体系、提供相应的教学设施和设备等。

（三）实践教学环节的优化与创新

实践教学环节是体育人才培养教学过程中不可或缺的一环，也是培养学生实践能力和运动技能的重要手段。在体育人才培养教学模式改革中，优化和创新实践教学环节，对于提高学生的实践能力、培养综合素质具有重要意义。本节将从以下几个方面进行探讨。

1. 重视实践教学环节的设计和组织。在教学设计上，应该注重创新和多样化，通过设计丰富多样的实践任务，满足学生不同层次的学习需求。在教学组织上，要合理安排实践教学时间和场地，确保学生有充分的时间和机会进行实践活动，提高实践教学的效果。

2. 注重师生互动和学生参与。教师应该扮演好引导者和指导者的角色，鼓励学生积极参与实践活动，提供必要的指导和支持。学生应该充分发挥自主学习的能力，积极参与实践活动，通过实践来巩固和应用所学知识，提高实践能力。

3. 注重实践教学手段和工具的创新。随着信息技术的发展，传统的实践教学手段已经不能完全满足学生的需求。应该积极探索和应用新的实践教学手段和工具，如虚拟仿真技术、智能设备等，来提升实践教学的效果和质量。

4. 注重实践教学评价的改革。传统的实践教学评价主要以考试成绩为主，忽视了学生实践能力和创新能力的培养。应该采用多元化的评价方式，如实践报告、实践成果展示、实践经验总结等，来全面评价学生的实践能力和综合素质。

六、体育人才培养教学模式改革的关键问题

随着社会的发展和体育事业的进步，体育人才培养教学模式改革面临着一系列关键问题。这些问题涉及师资队伍建设与培养、教学资源的整合与共享、学生能力评价体系的建立等多个方面，对于推动体育人才培养教学模式的创新和提升具有重要意义。

（一）师资队伍建设与培养

师资队伍建设与培养是体育人才培养教学模式改革中的一个关键问题。师资是教育教学工作的核心力量，师资队伍的素质和能力直接影响着教学质量和培养效果。因此，在体育人才培养教学模式改革中，加强师资队伍建设与培养是非常重要的。

注重师资队伍的专业素养。体育人才培养的教师应具备扎实的专业知识和技能，能够全面了解体育人才培养的理论和实践。他们应该具备丰富的教学经验和教育教学方法的熟练运用能力，能够灵活运用多种教学手段和方法，培养学生的综合素质和能力。

重视教师的教学能力提升。教师是学生的引路人，他们的教学能力直接影响着学生的学习效果和发展潜力。因此，体育人才培养教学模式改革需要通过多种方式提升教师的教学能力，如组织教学培训、开展教学研讨、推进教学成果转化等。同时，还可以通过教师评价和激励机制来激发教师的教学积极性和创新能力。

注重培养教师的教育理念和教育情怀。教师的教育理念和教育情怀是影响教学效果的重要因素。在体育人才培养教学模式改革中，应该注重培养教师的教育理念和教育情怀，使他们能够真正关心学生的发展，关注学生的整体素质和能力培养，积极引导学生健康成长。

师资队伍建设与培养还需要加强师资队伍的建设和管理。建设一个优秀的师资队伍需要从多个方面进行管理和培养，如招聘优秀人才、制订培养计划、加强教师队伍的建设和管理等。同时，还需要加强对教师的激励机制和职业发展支持，提高教师的职业满意度和教学积极性。

（二）教学资源的整合与共享

在体育人才培养教学模式改革过程中，教学资源的整合与共享是一个关键问题。教学资源的整合与共享可以提高教学效果，促进教学模式的创新和进步。本节将从教学资源整合的意义、教学资源整合的方式和教学资源共享的策略三个方面进行详细探讨。

教学资源的整合具有重要的意义。教学资源的整合可以充分发挥各种资源的优势，提高教学效果。教学资源包括师资力量、教学设备、教材教辅、学生资源等。通过整合这些资源，可以形成一个完整的教学体系，提供多样化的教学内容和方法，满足学生不同需求。同时，教学资源的整合还可以避免资源的浪费和重复建设，提高资源利用效率，降低教学成本。

教学资源的整合可以通过多种方式实现。首先，可以建立教学资源共享平台，将各个学科、学校、单位的教学资源进行整合，实现资源的共享。通过共享平台，教师可以获得其他学科、学校、单位的教学资源，丰富自己的教学内容和方法。同时，学生也可以通过平台获取多样化的学习资源，提高学习效果。其次，可以建立合作机制，开展跨学科、跨校区、跨单位的教学合作。通过合作，可以共享师资力量、教学设备和教材教辅，提供更好的教学资源。再次，可以加强教学资源的共建共享，建立共同的教学资源库。通过共建共享，可以形成更加丰富的教学资源，满足不同学科、不同学校、不同单位的需求。

教学资源的共享需要制定相应的策略。首先，需要建立教学资源共享的管理体系，明确资源的获取、使用和管理方式。其次，需要加强教师和学生的培训，提高他们对教学资源共享的认识和能力。同时，还需要建立激励机制，鼓励教师和学生积极参与教学资源共享。此外，还需要注重教学资源的保护，加强知识产权的保护和合理使用。

（三）学生能力评价体系的建立

学生能力评价体系的建立是体育人才培养教学模式改革中的一个关键问题。随着社会对体育人才的需求不断增加，传统的学生评价方式已经无法满足对学生综合能力的评价需求。因此，建立一个科学、全面、客观的学生能力评价体系是十分必要的。

1. 多个评价指标。体育人才的培养需要综合考虑学生的知识水平、技术能力、动作表现、心理素质等多个方面的能力。因此，在学生能力评价体系中，应该设计相应的评价指标，以全面、准确地评价学生的能力水平。

2. 注重实践能力的评价。体育人才的培养离不开实践训练，因此，在评价体系中应该加入对学生实践能力的评价。这可以通过实践考核、实践项目评估等方式来实现，以确保学生能够将所学理论知识应用于实践中。

3. 注重个性化评价。每个学生都有自己的特点和发展潜力，因此，在评价体系中应该充分考虑个体差异，并采取差异化评价方式。例如，可以通过个人项目的设置、个性化辅导等方式来满足学生个性化评价的需求。

4. 注重综合评价。综合评价可以综合考虑学生各个方面的能力，避免单一指标评价的片面性。综合评价可以通过多种评价方式来实现，包括考试评价、作业评价、实践考核、综合能力测试等。这样可以更全面、准确地评价学生的能力水平。

5. 需要考虑评价结果的使用。评价结果应该能够及时反馈给学生和教师，以帮助学生了解自己的优势和不足，并及时调整学习和训练策略。同时，评价结果还应该能够为学校和教师提供参考，以指导教学实践和培养方案的改进。

因此，解决体育人才培养教学模式改革的关键问题，需要教育部门、学校和社会各界的共同努力，共同推动体育人才培养教学模式的不断完善和提升。

七、体育人才培养教学模式改革的实施与评价

体育人才培养教学模式改革是当前体育教育领域的重要议题，为了更好地适应社会发展需求和培养适应未来发展的体育专业人才，本章将对体育人才培养教学模式改革的实施与评价展开深入探讨。在本章中，我们将分析改革措施的实施、改革的效果评价以及改革的问题与展望，以期为体育人才培养教学模式的不断创新和进步提供理论和实践的指导。

（一）改革措施的实施

体育人才培养教学模式改革是一个庞大而复杂的工程，需要有系统的改革

措施的实施来推动和保证改革的顺利进行。本节将从改革目标的明确、改革举措的具体实施、改革过程的监测与评价三个方面展开讨论。

1. 明确改革目标。明确的改革目标是推动改革的关键，只有明确了目标才能有针对性地制定改革措施。在实施过程中，要确保目标的科学性、可行性和可衡量性。科学性意味着目标应该建立在对教育理论和实践的深入研究基础上，确保改革措施与目标的契合度。可行性意味着目标应该符合实际条件和资源的可利用性，确保改革能够在可控范围内实现。可衡量性意味着目标应该具备明确的衡量指标和评价体系，以便对改革过程进行监测和评价。

2. 依托具体的改革举措。改革举措是实现改革目标的具体手段和方法，是推动改革的重要保障。在实施过程中，要根据改革目标的要求，制定具体的改革举措，并确保其合理性和可操作性。改革举措应该从教学内容、教学方法、教学资源、教学评价等多个方面入手，以全面促进教学模式的改革。在制定改革举措的同时，要注重与相关方面、相关部门的合作与沟通，形成多方共同参与的合力，确保改革的全面推进。

3. 要进行监测与评价。监测与评价是推动改革持续进行和不断完善的重要手段。在实施过程中，要建立科学的监测与评价体系，以确保改革的实施效果能够得到及时的反馈和调整。监测与评价应该从改革目标的达成情况、改革举措的实施效果、改革过程的问题与挑战等多个方面进行，形成全面的改革评价报告。在监测与评价的基础上，要及时总结经验教训，为下一阶段的改革提供借鉴和指导。

通过实施改革措施，可以不断提升教学模式的质量和效果，促进体育人才培养教学模式的创新和进步。

（二）改革的效果评价

本节旨在对体育人才培养教学模式改革的效果进行评价。改革的效果评价是对改革措施的实施结果进行客观、科学的评估，旨在了解改革的实际效果，发现问题和不足，并提出改进措施。本节将从学生综合素质、教学成果和教学质量等方面进行评价。

1. 学生综合素质评价

学生综合素质评价是评价改革效果的重要指标之一。体育人才培养教学模式改革的目标是培养具有良好体育素养和综合素质的学生。因此，在改革的实施过程中，需要从学生的身体素质、技能水平、体育知识和体育意识等方面进行评价。

通过体测和体育技能测试等方式，对学生的身体素质和技能水平进行评价。体测可以全面了解学生的身体健康状况，如身高、体重、肺活量等指标，并与标准进行对比，评估学生的体质水平。同时，通过体育技能测试，可以评估学生在各项体育项目中的表现，如跑步速度、跳高、投球等。

通过考试和学业成绩等方式，对学生的体育知识水平进行评价。改革的目标是提高学生的体育知识水平，因此，通过考试和学业成绩的评价，可以了解学生在体育知识方面的掌握程度。

此外，还需要对学生的体育意识进行评价。体育意识是指学生对体育的兴趣、热爱和参与程度。通过问卷调查和观察等方式，可以了解学生对体育的态度和参与情况，评估学生的体育意识水平。

2. 教学成果评价

教学成果评价是评价改革效果的另一个重要指标。体育人才培养教学模式改革的目标是提高学生的综合素质和实际运动能力，因此，教学成果评价需要从学生的学习成绩、技能水平和实践能力等方面进行评估。

通过考试和学业成绩等方式，对学生的学习成绩进行评价。学习成绩是评价学生学习情况的重要指标，通过考试和学业成绩的评价，可以了解学生在课堂学习方面的掌握程度。

通过技能测试和实践能力评估等方式，对学生的技能水平和实践能力进行评价。技能测试可以评估学生在各项体育项目中的技能水平，如球类运动、田径、游泳等。实践能力评估可以评估学生在实际运动中的表现，如战术运用、团队合作等。

3. 教学质量评价

教学质量评价是评价改革效果的另一个重要指标。体育人才培养教学模式改革的目标是提高教学质量，因此，教学质量评价需要从教师教学能力、课程设置和教学资源等方面进行评估。

通过教师评价和教学观察等方式，对教师的教学能力进行评价。教师的教学能力是影响教学质量的重要因素，通过教师评价和教学观察，可以了解教师的教学水平和教学效果。

通过课程评价和教学资源评估等方式，对课程设置和教学资源进行评价。课程设置是评价教学质量的重要指标之一，通过课程评价，可以了解课程设置的合理性和实施效果。教学资源是影响教学质量的重要条件，通过教学资源评估，可以了解教学资源的充足性和使用情况。

（三）改革的问题与展望

体育人才培养教学模式改革虽然取得了一定的成果，但在实施过程中也面临着一些问题。本节将重点探讨改革中存在的问题，并对未来的发展进行展望。

教师队伍建设。体育人才培养教学模式改革需要有一支高素质的教师队伍来支撑，但目前我国体育教师队伍的整体素质还有待提高。一方面，有些教师缺乏专业知识和教学技能，影响了教学效果；另一方面，教师的教学观念和方法相对滞后，无法适应新的教学模式。因此，在未来的改革中，需要加强教师培训和进修，提高教师的专业素养和教学水平。

教学资源的不均衡问题。体育人才培养教学模式改革需要充分利用和整合各种教学资源，但目前资源的分配不够均衡。一些高校和地区的教学资源相对丰富，而一些农村地区和欠发达地区的教学资源相对匮乏。这导致了一些学生无法获得良好的教育资源，影响了他们的学习效果。因此，未来的改革需要加大对教学资源的整合力度，保证资源的均衡分配。

评价体系的问题。目前的评价体系主要以考试成绩为主，忽视了学生的综合素质和实际能力的培养。这种评价方式容易导致教育过程中的应试教育，削弱了学生的创新能力和实践能力。因此，在未来的改革中，需要建立多元化的评价体系，注重对学生综合素质的培养和评价。

未来的改革需要重视创新和实践教学。体育人才培养教学模式改革应该注重培养学生的实践能力和创新意识，使他们能够更好地适应社会的发展需求。因此，未来的改革需要加强实践教学的设计和实施，提供更多的实践机会和资源支持。

第五章 体育人才培养教学改革

一、体育人才培养教学改革概述

体育人才培养教学改革是当前教育领域的热点问题，对于培养适应社会需求的体育专业人才具有重要意义。本章将从体育人才培养的教学现状分析、存在的问题以及教学理念、教学内容、教学评价改革的几个方面进行深入探讨，旨在全面把握体育人才培养教学改革的概貌，为后续内容的展开提供清晰的逻辑脉络。

（一）体育人才培养的现状分析

在体育人才培养领域，当前存在着一些明显的问题和挑战。首先，体育人才培养的目标定位不够清晰，缺乏统一的标准和指导思想。这导致了教学内容和方法的多样性，缺乏整体性和系统性。其次，教学资源配置不均衡，在体育设施、师资力量和教学设备方面存在着明显的不足。这种不平衡的资源配置直接影响了教学质量和效果。再次，体育人才培养的教学改革策略不够具体和有效，缺乏前瞻性和创新性。这导致了教学方法和手段的滞后，无法满足学生的个性化需求和职业发展需求。又次，成效评估机制不够完善，缺乏科学的评价体系和数据支撑。这导致了教学成果的难以量化和评估，无法客观地反映教学效果和学生发展情况。最后，对策和实施路径缺乏系统性和可操作性，缺乏具体的指导思想和操作手册。这导致了教学改革的推进缓慢，难以形成有效的改革路径和模式。因此，针对这些问题和挑战，有必要对体育人才培养的现状进行深入分析和探讨，以期找到有效的解决之道。

（二）体育人才培养存在的问题

在体育人才培养过程中，存在着一系列问题，需要进行深入分析和解决。首先，教学资源不足是一个突出的问题。由于体育专业的特殊性，需要大量的专业教师和设施设备来支持教学工作，但是目前很多体育教学资源匮乏，师资力量不足，实践教学条件落后，这严重影响了学生的专业素养和实践能力的培养。

教学内容与实际需求脱节。传统的教学内容和教学模式无法满足现代社会对体育人才的需求，缺乏实用性和针对性。学生在学校学习的知识和技能往往与实际工作岗位要求脱节，导致毕业生就业竞争力不足。

评价体系不够科学、全面。目前的评价体系主要以学生的理论成绩和体能测试为主，忽视了学生的综合能力和实践技能的评价，造成了对学生综合素质的培养不足。

教学管理体制亟待改革。传统的教学管理模式局限性较大，缺乏灵活性和针对性，无法适应现代教学改革的需要。同时，学校内部教学管理和外部实习实训的衔接存在问题，导致学生实践能力培养不够到位。

二、体育人才培养的理念解析

在体育人才培养的理念解析中，我们需要深入探讨培养目标、教育理念和特点，以便更好地指导实际教学实践。首先，体育人才培养的目标应当紧密贴合社会需求，注重学生实际职业能力的培养，培养出既有专业技能又有职业素养的优秀人才。其次，教育理念应注重实践能力和创新精神的培养，强调专业知识与实践技能的结合，推崇多元化发展，倡导个性化教育。最后，体育人才培养的特点在于注重实用性、职业性和多样化，要求教育内容和方法切实贴合学生的实际需求和发展特点，促进学生的全面发展。因此，体育人才培养的理念应当以社会需求为导向，注重实践能力和职业素养的培养，构建多层次、多类型的人才培养体系，以适应社会需求和促进学生全面发展。

三、体育人才培养教学内容改革

在当前体育人才培养教学内容改革的背景下，本章将从传统体育人才培养教学内容分析、现代体育人才培养教学内容要求以及体育人才培养教学内容改革的策略三个方面展开论述。通过对传统和现代教学内容的对比分析，以及改革策略的探讨，本章旨在提出更适应社会需求、提高学生综合素质和专业技能水平的教学内容改革方案。

（一）传统体育人才培养教学内容分析

传统体育人才培养的教学内容一直是体育教育改革的重要议题。传统教学内容主要包括体育理论知识、运动训练技能、体育教学方法等方面。首先，体育理论知识部分注重对学生体育理论基础知识的传授，包括运动生理学、运动心理学、运动解剖学等内容，以及体育史、体育文化等方面的学习。这些内容是体育专业学生必备的理论知识基础，对于提升学生的专业素养和学术水平至关重要。

运动训练技能部分着重培养学生的运动技能和实践能力，包括各种体育项目的基本技能训练、竞赛技能训练、教学技能培养等。这一部分内容的教学将直接影响学生的专业技能水平和实际应用能力，是体育人才培养的重要环节。

此外，体育教学方法的教学内容也是传统体育人才培养的重要组成部分。这部分内容主要包括体育教学理论、教学方法、教学技能等方面的学习，旨在培养学生的体育教学能力和教学素养。这些内容的教学将直接影响学生未来的教学实践水平和教学质量。

（二）现代体育人才培养教学内容要求

在现代社会，体育人才培养的教学内容要求日益增多和多样化。为了更好地适应社会的需求，提高学生的综合素质和专业技能水平，我们需要对现代体育人才培养的教学内容进行深入研究和改革，提出以下几方面的要求。

传统体育知识和现代职业需求的结合。在传统体育知识方面，学生需要掌握基本的体育理论知识，如运动生理学、运动心理学、运动训练学等。这些知识是学生学习和从事体育工作的基础。但传统体育知识已经不能满足现代职业需求，学生还需要学习现代技术和管理知识，如体育赛事组织与管理、体育市场营销、体育法律等。这些知识将使学生更好地适应现代职业环境，提高其竞争力。

注重实践能力的培养。传统的体育教学注重理论知识的传授，而忽视了学生的实践能力培养。现代职业体育人才需要具备丰富的实践经验和实践技能，能够熟练地运用体育知识解决实际问题。因此，教学内容要求将理论知识与实践能力相结合，通过实践教学、实训和实习等方式，培养学生的实践能力和创新能力。

跨学科知识的学习。体育人才培养不仅仅需要掌握体育专业知识，还需要了解相关的跨学科知识。例如，体育人才需要了解心理学、营养学、康复学等相关学科的基本知识，以便更好地理解和应用体育知识。因此，教学内容要求将跨学科知识融入体育专业课程中，培养学生的综合素质和能力。

注重实践与理论的结合。传统的体育教学往往将理论与实践割裂开来，导致学生只注重理论知识的学习，而忽视了实践能力的培养。现代体育人才需要既具备扎实的理论基础，又能够熟练地运用理论知识解决实际问题。因此，教学内容要求将理论与实践相结合，通过案例分析、实践操作等方式，培养学生的实践能力和创新能力。

通过对教学内容的改革，可以更好地适应社会的需求，提高学生的综合素质和专业技能水平。这对现代体育人才培养的教学模式和管理机制提出了有益的启示，具有一定的研究意义。

（三）体育人才培养教学内容改革的策略

本节旨在探讨体育人才培养教学内容改革的具体策略。针对当前教学内容存在的问题，我们提出了以下改革策略。

1. 课程体系与职业需求结合

我们强调将传统的课程体系与现代职业需求相结合，即通过对职业市场需求的深入调研，调整和优化教学内容，使之更贴合职业发展趋势，确保学生所学知识和技能能够顺利应用于职业实践之中。这需要教师具备跨学科知识，以及与企业、行业进行紧密合作，共同制定符合实际职业需求的课程体系。

2. 学生中心、实践导向的教学方法

我们提出以学生为中心、注重实践的教学方法改革。传统的教学模式过分注重灌输式教学，而忽略了学生的个性和兴趣。我们倡导采用启发式教学、案例教学、项目驱动等多种教学方法，鼓励学生主动参与、实践操作，从而培养其实际解决问题的能力和创新精神。

3. 利用现代技术手段拓宽教学资源

利用现代技术手段拓宽教学资源是改革的关键。随着信息技术的飞速发展，利用多媒体教学、虚拟仿真实验、远程教育等技术手段，能够打破传统的时空限制，为学生提供更广阔的学习空间和资源，提升教学效果和学习体验。

4. 建立科学的评价体系和规范的管理制度

我们强调建立科学的评价体系和规范的管理制度。教学内容改革需要有相应的评价和管理支撑。我们建议建立多维度的评价体系，包括知识技能、综合素质、创新能力等多方面的评价指标。同时，规范的管理制度能够保障改革的顺利进行，确保各项改革政策的有效实施和落地。

四、体育人才培养教学方法改革

在体育人才培养教学方法改革的过程中，传统体育人才培养教学方法是首当其冲需要进行分析的。传统方法在一定程度上存在着滞后性和局限性，难以满足当今社会对体育人才的需求。因此，对现代体育人才培养教学方法的要求也日益凸显。

（一）传统体育人才培养教学方法分析

在本节中，我们将对传统体育人才培养的教学方法进行深入分析。传统体育人才培养的教学方法主要包括理论课教学、实践教学和综合训练。首先，传统的体育人才培养注重理论知识的传授，课堂教学以传统的讲授和板书为主，缺乏互动性和实践性，学生 passively 接受知识，导致学习兴趣不高，学习效果不明显。其次，实践教学过于单一，多集中在体育场馆内进行，缺乏与现实生活的结合，无法真正提升学生的运动技能和应用能力。最后，综合训练注重体能的培养，但忽视了学生的整体素质和创新能力的培养，限制了学生在综合素质上的全面发展。

传统的体育人才培养教学方法还存在着教学资源的单一性和教学评价的局限性。教学资源主要依赖于体育场馆和传统的教学设备，缺乏现代化技术手段的支持，无法满足学生多样化的学习需求。教学评价主要以考试分数为主，忽视了学生的综合素质和实际操作能力的考核，难以客观全面地评价学生的学习效果和能力水平。这些问题制约了传统体育人才培养教学方法的进步和发展，也限制了学生在本阶段的全面成长。

传统体育人才培养教学方法存在很多不足之处，需要进行改革和创新。接下来，我们将着眼于如何改革传统的教学方法，以更好地适应现代社会的需求，提高学生的综合素质和专业技能水平。

（二）现代体育人才培养教学方法要求

现代体育人才培养教学方法要求，是指在体育人才培养过程中，针对现代社会对体育人才的需求和培养目标，提出的教学方法的具体要求和标准。现代社会对体育人才的需求日益多样化和专业化，因此，教学方法的要求也必须与时俱进，适应社会发展的需要。

要求注重个性化和多样化。体育人才的培养需要充分考虑学生的个体差异，因此，教学方法应当灵活多样，能够满足不同学生的学习需求。个性化的教学方法能够激发学生的学习兴趣，提高学习积极性，从而更好地培养出优秀的体育人才。

要求强调实践性和技能性。体育人才的培养需要注重实际操作和实践能力的培养，因此，教学方法应当贯穿理论与实践，注重学生的动手能力和实际操作能力的培养。通过实践性教学方法，学生能够更快地掌握相关技能，提高专业素养，更好地适应未来工作的需求。

要求融合现代科技手段。随着科技的不断发展，现代教学方法需要充分利用信息技术、多媒体技术等现代科技手段，拓宽教学资源的视野，提高教学效果和效率。通过融合现代科技手段的教学方法，可以更好地激发学生的学习兴趣，提高学习效果，培养出更具竞争力的体育人才。

要求个性化、多样化、实践性、技能性、融合科技手段的。只有这样，才能更好地适应现代社会对体育人才的需求，培养出更加优秀的体育专业人才。

（三）体育人才培养教学方法改革的策略

在体育人才培养教学方法改革的策略方面，我们将从多个层面进行探讨和分析。首先，我们将重点关注教学方法改革的整体框架和原则，其次，我们将探讨具体的教学方法改革策略，包括以学生为中心的教学、注重实践的教学方法，以及现代技术手段的应用。最后，我们将着重讨论教学方法改革的实施路径和可行性。

1. 教学方法改革的整体框架和原则

在体育人才培养教学方法改革的整体框架和原则方面，我们将以培养学生的综合素质和专业技能为核心目标，以学生发展为中心，注重实践和创新，促进学生全面发展为基本原则。在教学方法改革的整体框架中，我们将建立以学生为主体的教学体系，注重培养学生的实践能力和创新意识，以适应社会对体育人才的需求。

2. 具体的教学方法改革策略

在具体的教学方法改革策略方面，我们将以学生为中心，注重实践的教学方法为核心，致力于构建教师与学生平等互动、共同参与的教学模式。同时，我们将着眼于培养学生的实践能力，通过项目化教学、实践性教学等方式，引导学生运用所学知识解决实际问题，提高学生的实际操作能力和创新能力。此外，倡导教师运用现代技术手段，如虚拟仿真、多媒体教学等，拓宽教学资源的视野，提升教学效果。行动导向教学法、项目教学法、任务驱动法，以互联网＋教育、双元制办学、混合学习模式、翻转课堂、导师制等。

（1）个性化教学策略

个性化教学策略是指根据学生个体差异，采用差异化教学方法，满足学生个性化发展需求的教学模式。在体育人才培养中，学生的兴趣、特长和学习能力差异较大，因此采用个性化教学策略对提高教学效果至关重要。个性化教学策略包括不同层次的教学内容设置、不同难度的学习任务安排以及灵活多样的教学方法运用。通过个性化教学策略，可以激发学生学习的主动性和积极性，提高学习成绩和综合素质。

（2）协作学习策略

协作学习策略是指学生之间相互合作、共同学习的教学模式。在体育人才培养中，通过协作学习策略可以促进学生之间的交流与合作，提高团队协作能力和沟通技巧。教师应当通过任务驱动的教学设计，引导学生组织协作学习小组，共同解决问题、完成任务，培养学生的团队合作精神和领导能力。此外，协作学习策略还可以促进学生的思维碰撞和创新意识，提高学习效果和实践能力。

（3）情境教学策略

情境教学策略是指将学习内容置于真实或虚拟的情境中，通过情境化的学习环境激发学生的学习兴趣和激情，提高学习的参与度和深度。在体育人才培养中，采用情境教学策略可以使学生更好地理解和应用所学知识，增强学习的实用性和情感投入。教师可以通过模拟比赛、实地考察、虚拟仿真等方式，营造丰富多彩的学习情境，激发学生的学习热情，提升学习效果和实践能力。

（4）技术支持教学策略

技术支持教学策略是指运用现代化教学技术，如多媒体教学、虚拟实验、远程教学等手段，支持体育人才培养的教学活动。通过技术支持教学策略，可以提高教学的灵活性和多样性，拓展教学资源和手段，丰富教学内容和形式。教师应当结合学科特点和学生需求，合理选用教学技术，设计多样化的教学活动，提高教学效果和学习体验。同时，技术支持教学策略也有助于培养学生的信息素养和创新能力，促进学生的综合素质和竞争力的提升。

（5）跨学科整合教学策略

跨学科整合教学策略是指将不同学科的知识和技能有机整合，设计跨学科的教学内容和活动，促进学生的综合学习和能力培养。在体育人才培养中，采用跨学科整合教学策略可以增强学生的知识联结和应用能力，促进学科之间的交叉渗透和互补发展。教师应当通过项目驱动的教学设计，结合不同学科的教学资源和实践环境，设计跨学科整合的教学活动，培养学生的综合素质和创新能力。同时，跨学科整合教学策略也有助于拓展学生的视野和思维，提高学生的综合竞争力和创新能力。

3. 教学方法改革的实施路径和可行性

在教学方法改革的实施路径和可行性方面，我们将提出具体的实施步骤和措施，包括教师培训、课程设计、教学资源整合等方面的具体安排。同时，我们将对教学方法改革的可行性进行分析，包括教学条件、师资队伍、学生素质等方面的现状评估，以及改革可能面临的挑战和风险进行深入研究，为改革的顺利实施提供可靠的保障和支持。

4. 体育人才培养的教学手段

体育人才培养的教学手段是促进学生全面发展和提高专业技能的重要途径。在教学手段的选择上，应该充分考虑学生的身心特点和学习需求，结合现代教育技术和体育专业知识，采取多种多样的教学手段，以达到高效教学的目的。本节从课堂教学、实践教学和辅助教学三个方面探讨体育人才培养的教学手段。

（1）课堂教学

课堂教学是体育人才培养的重要组成部分，通过精心设计的课堂教学内容和方法，可以有效提高学生的专业素养和综合能力。在课堂教学中，教师可以采用讲授、讨论、案例分析等多种教学方法，引导学生深入理解体育专业知识和技能，并培养其分析和解决问题的能力。同时，结合现代多媒体技术，可以丰富课堂教学手段，提高教学效果。

（2）实践教学

实践教学是体育人才培养的重要环节，通过实践教学，学生可以将理论知识与实际操作相结合，提高专业技能和实践能力。学校可以组织学生参与体育比赛、实习实训、社会服务等实践活动，培养学生的团队合作意识和实际操作能力。同时，学校应该加强对实践教学环境和设施的建设，为学生提供良好的实践教学条件。

（3）辅助教学

辅助教学是体育人才培养的有益补充，通过多种形式的辅助教学手段，可以拓宽学生的知识视野和提高学习兴趣。学校可以开设体育专题讲座、学术沙龙、实验室实验等形式多样的辅助教学活动，引导学生主动学习和探究精神。此外，学校还可以建立多媒体教室、电子资源库等教学平台，为学生提供便利的学习资源和信息支持。

五、体育人才培养教学资源改革

在体育人才培养教学资源改革这一章节中，我们将对传统体育人才培养教学资源进行深入分析，探讨现代体育人才培养教学资源的要求，并提出体育人才培养教学资源改革的策略。通过对现有教学资源的优势和不足进行全面评估，我们将提出切实可行的改革方案，以期为体育人才培养注入新的活力和动力。

（一）传统体育人才培养教学资源分析

在传统体育人才培养教学资源方面，我们首先要对传统的体育人才培养课程进行分析。传统体育人才培养课程主要包括体育理论课程、专业技能课程和体育实践课程。体育理论课程注重学生对体育理论知识的掌握，包括体育史、体育心理学、体育解剖学等内容。专业技能课程主要是培养学生的专业技能，如体育训练、体育裁判、体育管理等。体育实践课程则是通过体育运动训练，培养学生的体育实践能力。然而，传统课程设置存在着与现代职业需求脱节的问题，无法满足社会对体育人才的多元化需求。因此，我们需要对传统课程进行深入分析，找出不足之处并进行相应改革。

我们需要对传统的教学方法进行分析。传统体育人才培养教学方法主要以教师为中心，注重传授知识，学生被动接受。这种教学方法在一定程度上限制了学生的创新能力和实践能力的培养。因此，我们需要对教学方法进行深入分析，探讨如何以学生为中心，注重实践教学，激发学生的学习兴趣和创新能力。

我们还要对传统的教学资源进行分析。传统体育人才培养教学资源主要包括教学设施、器材和教材。然而，传统教学资源受到了空间和时间的限制，无法满足学生全面发展的需求。因此，我们需要利用现代技术手段，拓宽教学资源的视野，引入多媒体教学、虚拟仿真实验等现代教学手段，丰富教学资源，提高教学效果。

（二）现代体育人才培养教学资源要求

现代体育人才培养教学资源的要求是指适应当前社会发展需求和教学改革趋势的资源条件，以促进体育人才培养教学质量的提升。在这一背景下，现代体育人才培养教学资源要求主要包括以下几个方面。

需要充足的教学设施和场地。这包括专业的体育训练场馆、设备和器材，以及具备现代化教学功能的多媒体教室和实验室。这些设施和场地的充足性对于学生的体育训练和技能培养至关重要，也是提高教学效果的重要保障。

需要丰富多样的教学资源。这包括教学参考书籍、学术期刊、数字化教学资源等。同时，还需要注重引进国内外先进的体育教学资源，借鉴国际先进教学理念和方法，促进教学内容的多样化和教学质量的提高。

需要具备先进的信息化技术支持。这包括建设数字化教学平台，推广在线教学和远程教育，利用互联网资源进行教学和学习，以提升教学的时效性、灵活性和互动性。

需要加强与社会资源的对接，开展校企合作，引入企业实践项目和实训基地，构建校内外资源共享平台，为学生提供更多实践机会和就业支持，促进学生素质的全面发展和职业能力的提升。

（三）体育人才培养教学资源改革的策略

在体育人才培养中，教学资源的合理配置和优化利用是非常关键的。以下探讨体育人才培养教学资源改革的策略。

1. 要注重教学资源的多样性和开放性。应该建立与现实职业需求相契合的教学资源库，包括实践基地、专业设备、教学资料等。这些资源应该不仅满足基本的教学需求，还要有一定的多样性，以能够满足学生个性化的学习需求。同时，教学资源应该是开放的，能够与社会资源进行有效对接，为学生提供更广阔的学习空间和机会。

2. 要注重教学资源的整合和共享。应该通过建立资源整合机制，将教学资源进行统筹规划和管理，避免资源的重复建设和浪费。同时，要鼓励教师之间的资源共享和合作，促进教学资源的互补和优势互补。这样可以提高教学资源的利用效率，为学生提供更好的学习条件和环境。

3. 要注重教学资源的更新和创新。体育人才培养需要与时俱进，紧跟行业发展的步伐。因此，教学资源的更新和创新是必不可少的。学校应该积极引进先进的教学设备和技术，建立与时俱进的教学资源体系。同时，要鼓励教师进行教学资源的创新研究，不断提高教学资源的质量和效果。

4. 要注重教学资源的评估和监控。应该建立科学的评估体系，对教学资源进行定期评估和监控，及时发现问题并进行改进。评估的指标可以包括资源的数量、质量、使用率等方面。通过评估和监控，可以及时了解教学资源的使用情况和效果，为改进教学资源的配置和利用提供依据。

5. 要注重教学资源的可持续发展。体育人才培养是一个长期的过程，需要教学资源的长期支持和保障。因此，学校应该注重教学资源的可持续发展，建立健全的教学资源管理体系，确保教学资源的稳定供给。同时，要加强对教学资源的保护和维护，提高资源的使用寿命和效益。

通过这些策略的落实，可以有效提高教学资源的利用效率和质量，为体育人才培养提供更好的支持和保障，促进体育人才培养教学资源的持续优化和提升。

六、体育人才培养教学评价改革

随着体育人才培养的教学内容、教学方法、资源、评价和管理等方面的改革不断深入，对于教学评价的改革也显得尤为重要。本章将从传统体育人才培养教学评价分析、现代体育人才培养教学评价要求以及体育人才培养教学评价改革的策略三个方面展开论述，旨在为体育人才培养的教学评价改革提供理论支持和实践指导。

（一）传统体育人才培养教学评价分析

本节旨在对传统体育人才培养教学评价进行深入分析，以便更好地指导体育人才培养教学评价改革的方向和方法。传统体育人才培养教学评价主要集中在学生的学习成绩和体能表现上，忽视了学生综合素质和实践能力的评价。这种评价模式主要以笔试和体能测试为主要手段，无法全面反映学生的学习情况和实际能力。此外，传统评价模式缺乏科学性和客观性，容易受到主观因素的影响，降低了评价的准确性和公正性。

在传统体育人才培养教学评价中，学生的学习成绩往往是唯一的评价标准，这导致了学生对分数的过分追求，忽视了对综合素质和实践能力的培养。学校过分注重学科知识的传授和学习成绩的考核，而忽视了学生的体育实践能力和创新能力的培养。这种评价模式导致了学生的学习动力不足，缺乏对体育实践的热情和创新意识，影响了学生的综合素质和实践能力的提升。

另外，传统体育人才培养教学评价中的体能测试也存在一定的局限性。体能测试主要以身体素质测试和竞技能力测试为主，忽视了体育技能和实践能力的评价。这种评价方式无法全面反映学生的体育技能水平和实际应用能力，难以评价学生在实际体育活动中的表现和发展情况。

针对这些问题，需要通过改革评价体系，建立科学客观的评价标准，重视学生综合素质和实践能力的培养，才能更好地指导体育人才培养教学评价的改革方向和方法。

（二）现代体育人才培养教学评价要求

现代体育人才培养教学评价要求是指在体育人才培养过程中，对学生进行评价的标准和方法。通过科学合理的评价要求，可以全面客观地评估学生的综合素质和专业能力，为培养高素质的体育人才提供科学依据。本节将详细介绍现代体育人才培养教学评价的要求和具体内容。

1. 要求应包括综合素质和专业能力。综合素质包括学生的思想品德、身心健康、学习能力、创新能力、沟通协作能力等方面的评价内容。专业能力则主要评价学生在体育专业知识、技能、实践能力和综合运用能力等方面的表现。综合素质和专业能力的评价要求相辅相成，旨在培养具备高素质和高能力的体育人才。

2. 要求应具备科学性和实用性。科学性是指评价要求应基于体育人才培养的目标和培养计划，符合教育学、心理学和体育学等学科的理论和研究成果。评价要求应有明确的指标和标准，能够客观、准确地反映学生的综合素质和专业能力。实用性是指评价要求应具备可操作性和可应用性，能够指导教师开展教学工作和学生进行学习和自我评价。评价结果应能够及时反馈给学生和教师，为教学改进和学生发展提供有力支持。

3. 要求应具备差异性和个性化。差异性是指评价要求应根据不同学生的特点和发展需求，制定不同的评价标准和方法。体育人才培养旨在培养具备不同特长和潜能的学生，因此评价要求应充分考虑学生的个体差异，避免“一刀切”的评价方式。个性化是指评价要求应注重发现和培养学生的个性特点和潜能，充分发挥学生的主体作用。评价要求应关注学生的兴趣、特长和潜能，鼓励学生发展自己的特色和优势。

4. 要求应具备动态性和综合性。动态性是指评价要求应根据学生的学习过程和发展变化，及时更新和调整。评价要求应能够反映学生的学习进展和成长，促进学生不断提高和发展。综合性是指评价要求应综合考虑学生在学习、实践和社会实践等多个方面的表现，全面评价学生的综合素质和专业能力。评价要求应综合运用不同的评价方法和工具，如考试评价、实践评价、综合测评等，确保评价结果的准确性和可靠性。

（三）体育人才培养教学评价改革的策略

中等体育教学评价一般都采用了“结构考核、综合评分”的方法。评定包括学习态度（10% ）、理论知识（20% ）、身体素质（20% ～ 30%）和体育技术技能（40% ～ 50% ） 四个方面。这种评分方法虽然比较全面地反映了学生接受体育教育的总体情况，一定程度上克服了以前体育成绩考核的简单化和随意性的倾向。然而，随着教学改革的发展，新的教学目标和教学内容的制定，现行的评价方法出现了种种弊端。当前体育教学评价体系存在多方面问题：在目标设置上，存在目标档次偏低、缺乏个性化和时代性的问题；在评价实施方面，表现为评价主体单一、指标设置科学性不足、标准过于统一、方式缺乏多样性；在机制建设上，则存在保障机制不完善和反馈机制不健全等系统性缺陷。这些问题共同制约了体育教学评价的科学性和有效性。

体育人才培养教学评价改革的策略是推动体育人才培养教学质量提升的关键。为了有效评价学生的学习成果和培养效果，我们需要制定科学合理的评价策略。本节将探讨体育人才培养教学评价改革的策略，包括评价要素的确定、评价方法的创新和评价体系的建立。

1. 评价要素的确定

评价要素的确定是评价体系建设的基础。在体育人才培养中，我们应该综合考虑学生的知识、技能、能力和素质等方面的表现。

（1）知识水平评价

体育人才培养的首要目标是培养学生掌握相关专业知识。因此，我们可以通过考查学生在课程学习中的表现来评价其知识水平。评价要素可以包括学生对体育科学理论的理解程度、专业知识的掌握程度以及运用知识解决实际问题的能力等。

（2）技能水平评价

在体育人才培养中，技能是学生必备的能力之一。因此，我们应该通过考查学生在实践操作中的表现来评价其技能水平。评价要素可以包括学生在体育运动技能、教学技能、训练技能等方面的掌握程度，以及运用技能解决实际问题的能力等。

（3）能力培养评价

在体育人才培养中，培养学生的综合能力是非常重要的。因此，我们应该通过考查学生在综合能力培养过程中的表现来评价其能力水平。评价要素可以包括学生的团队合作能力、创新能力、领导能力、沟通能力等。

（4）素质发展评价

在体育人才培养中，培养学生的综合素质也是非常重要的。因此，我们应该通过考查学生在综合素质发展过程中的表现来评价其素质水平。评价要素可以包括学生的思想道德素质、身心健康素质、创新创业素质等。

2. 评价的具体方法

目前，中等体育教学评价内容仅仅局限于学生的体育知识、运动技能、技术三方面进行评价，从当代职业教育对中等职业体育教学的需要出发，教学评价的内容应主要包括教师评价、学生评价、教学过程评价、教学管理评价以及课程的评价五个维度，并且每个维度又根据要求划分出不同的层面，在不同的教育阶段，内容与要求应各有不同。不仅如此，体育教学评价内容上还应具有延续性，以实现评价的整体性与系统性。

（1）综合评价法

综合评价法是将不同评价要素综合起来进行评价的方法。应改变以往体育教育评价活动中单纯采用终结性评价的方式，采取诊断性、形成性和终结性评价相结合的评价方法。通过对学生在知识、技能、能力和素质等方面的表现进行综合评价，可以全面了解学生的整体发展情况。诊断性评价主要关注学生在学习某一教材前的准备状态，以确定教学起点并采取恰当的方法；形成性评价即在体育教学工作中及时发现和诊断问题，及时获取反馈信息，改进体育教学工作；终结性评价指对某一阶段的教学工作所进行的综合全面评价，以确定教学的最终水平。对上一阶段所进行的终结性评价又可作为对下一阶段进行诊断性评价的依据，这样，三种评价相互渗透，使整个评价活动始终处于不断上升的动态之中。特别是开放式招生之后，各学校扩大招生范围和人数，学生来自不同地区，以至学生的体育起点参差不齐，因此对于中等职业体育教学的评价诊断性和形成性评价就显得尤为重要。

（2）定性评价与定量评价相结合

在体育教学中，定量评价占据了主要地位。但是，体育教学极为复杂，有它自身的特殊性，存在着大量的人文因素，这些人文因素不像体育课的密度、运动负荷、掌握动作的数量和完成动作的质量等容易量化，比如学生体育态度、思想品德心理素质、锻炼能力等指标是难以量化的。忽视这些难以量化的指标的教学评价是不全面的，缺乏科学性的。因此，必须把定量评价与定性评价结合起来使用。

（3）自评与他评相结合

任课教师长期工作在教学第一线，对教学活动的情况最为了解，对教学质量的优劣也较为清楚，所以，对课堂教学质量的评价离不开任课教师的自我评价。但任课教师由于评价的心理压力以及主观因素，往往评价的客观性不够，因此，还需要他评，如同行教师评价。对于学生来说，学生是教学目标的实践者，只有亲身体验的内容，才能正确地评价它，特别是那些无法用定量来表现的内容，包括情感、意志、 态度、兴趣等，都是内在不易显露的心理倾向，只有通过自我评价才能获得真实的材料， 一个善于运用自我评价的学生，可以依据教学目标随时评价自己，使自己始终保持在教学目标指引下的定向学习状态。

在教学评价过程中，应该从终结性评价向过程性评价转变，并强调过程性评价。过程性评价重视发挥评价的反馈功能，通过采用多种评价方法和工具，经常对学生和教师进行评价，并将结果及时反馈给学生和教师，从而实现对教学和学习的有效控制。同时从教学评价的激励功能来看，只有针对学生的个别差异进行个别评价，而不是按照统一标准来统一要求，才会激发学生的情感和向上的功效与能力，才会更好地促进体育教学质量的提高。

在评价内容改革时应该尽量简化，可以从健康知识的增长（明显增长、有所增长、没有增长）、健康素质和健康状况的提高（明显提高、有所提高、没有提高）、健康锻炼方法的运用能力增强（明显增强、有所增强、没有增强）和健康意识的改变（明显改变、有所改变、没有改变）等方面进行评价。

在评价标准改革方面，可以采用教师与每个具体学生在学期开学时共同制定的方法，一方面能让学生明确本学期自我体育教学的目标，另一方面也能避免统一标准带来的种种弊端。

3. 评价体系的建立

评价体系的建立是评价体系改革的目标。为了确保评价体系的科学性和有效性，我们需要建立科学合理的评价指标和评价标准。具体来说，可以采取以下措施：

（1）制定评价指标

制定评价指标是评价体系建设的前提。评价指标应该与体育人才培养目标相匹配，具有明确的评价对象和评价内容。评价指标可以从知识、技能、能力和素质等方面进行确定，以确保评价指标的全面性和准确性。

（2）设定评价标准

设定评价标准是评价体系建设的关键。评价标准应该具有明确的评价要求和评价等级，以确保评价结果的客观性和准确性。评价标准可以根据评价指标的具体要求进行设计，以确保评价标准的科学性和有效性。

（3）建立评价流程

建立评价流程是评价体系建设的保障。评价流程应该具有明确的评价步骤和评价方式，以确保评价过程的规范性和公正性。评价流程可以包括评价准备、评价实施、评价结果分析和评价反馈等环节，以确保评价流程的科学性和完整性。

（4）评价要素的确定、评价方法的创新和评价体系的建立

通过科学合理地确定评价要素，创新评价方法和建立评价体系，可以更准确地评价学生的学习成果和培养效果，促进体育人才培养教学质量的提升。

这些策略的实施将为体育人才培养的教学评价体系带来积极的变革，为教学改革和学生发展提供有力支持。

七、体育人才培养教学管理改革

在体育人才培养教学管理改革这一章节中，我们将对传统体育人才培养教学管理进行深入分析，探讨现代体育人才培养教学管理的要求，并提出体育人才培养教学管理改革的策略。通过对现有问题的深入挖掘和对未来改革方向的

探讨，我们将为体育人才培养的教学管理提供宝贵的思路和建议。

（一）传统体育人才培养教学管理分析

1. 传统体育人才培养教学管理的概述

传统体育人才培养教学管理是指在体育人才培养过程中所涉及的各项管理活动。传统教学管理模式主要以教师为中心，注重知识传授和考试成绩，忽视学生个体差异和专业技能培养。此外，传统管理模式下的教学评价方法单一，难以客观评价学生的综合素质和专业能力，管理制度不够规范，缺乏科学性和灵活性。

2. 传统体育人才培养教学管理的现状分析

在传统体育人才培养教学管理中存在着以下几个问题：首先，教师主导的教学模式难以满足学生个体差异化需求，缺乏针对性和灵活性；其次，教学评价方式单一，只注重学生的理论知识掌握程度，忽视了学生的实践能力和综合素质的培养；再次，教学管理制度不够规范，教学资源分配不均，导致教学效果参差不齐，学生成长空间受限。

3. 传统体育人才培养教学管理的改进方向

针对传统体育人才培养教学管理中存在的问题，我们应该采取以下改革措施：首先，建立以学生为中心的教学管理模式，注重挖掘和培养学生的个性特长和潜能，提高教学的针对性和灵活性；其次，完善教学评价体系，不仅注重学生的理论知识掌握情况，更要关注学生的实践能力和综合素质发展，使评价更加科学客观；再次，规范教学管理制度，优化教学资源配置，提高教学质量和学生成长空间。

（二）现代体育人才培养教学管理要求

现代体育人才培养的教学管理要求，是指在体育人才培养教学过程中，对教学管理进行现代化、科学化的要求。具体包括教学内容的更新与优化、教学方法的创新与实践、教学资源的合理利用、教学评价的科学性和管理制度的规范性等方面。

1. 教学内容的更新与优化

现代体育人才培养的教学内容应当紧密结合职业需求和社会发展趋势，更新优化课程设置。其中包括但不限于：体育技能培养、体育理论知识学习、体育科研能力培养、职业素养和体育心理素质等方面。通过对体育行业的前沿技术和理论知识的学习，以及对学生综合素质的培养，使其更好地适应社会的需求。

2. 教学方法的创新与实践

现代体育人才培养的教学方法应以学生为中心，注重实践教学，倡导问题导向式教学。引入案例教学、团队合作学习和项目驱动学习等现代教学方法，促进学生能力的全面提升。同时，加强实践环节，拓宽学生的实践能力，提高其应对实际工作挑战的能力。

3. 教学资源的合理利用

现代体育人才培养需要充分利用现代技术手段，拓宽教学资源的视野。建设数字化教学资源平台，整合各类优质教学资源，提供学生自主学习和交互学习的平台。同时，加强对实验室、训练场所等教学设施的建设和管理，为学生提供优良的学习环境。

4. 教学评价的科学性

现代体育人才培养的教学评价应建立科学的评价体系，注重对学生综合能力和专业技能的全面评价。采用多元化的评价方法，包括考试评价、实践能力评价、项目成果评价等，全面客观地评价学生在各个方面的表现，激发学生的学习动力。

5. 管理制度的规范性

现代体育人才培养的教学管理要求规范教学管理制度，包括但不限于招生管理、课程管理、师资队伍建设、学生管理等方面。建立健全的管理制度，明确教学管理的各项规章制度，确保教学工作的有序开展和高效运转。

八、体育人才培养教学管理改革的策略

本节旨在探讨体育人才培养教学管理改革的策略。体育人才培养的教学管理对于培养出高素质的体育专业人才具有重要意义。教学管理改革的目标是提高学生的学习效果和综合素质，培养出适应社会需求的优秀人才。本节将从课程设置、教学质量保障、教师队伍建设和学生管理四个方面进行详细阐述。

1. 课程设置策略

体育人才培养的课程设置需要与现代职业需求相结合，突出实践和应用导向。首先，应根据社会对体育人才的需求，调整和优化课程设置。例如，增加与体育产业发展相关的专业课程，如体育管理、体育市场营销等，以提高学生的就业竞争力。其次，注重实践教学，通过实践活动和实习实训等形式，培养学生的实际操作能力和解决问题的能力。此外，还应开设专业选修课程，满足学生个性化发展需求，提供更广泛的学习选择。

2. 教学质量保障策略

教学质量保障是体育人才培养教学管理的核心内容之一。首先，建立科学的教学质量评价体系，通过课堂教学观摩、学生评教、教师自评等方式，全面了解教学效果，及时发现和解决问题。其次，加强教师的教育教学能力培养，通过定期培训和学术交流，提高教师的专业素养和教学水平。此外，要加强对教学资源的整合和利用，提供良好的教学设施和实验条件，为教师和学生的教学活动提供有效的支持。

3. 教师队伍建设策略

教师队伍建设是体育人才培养教学管理改革的重要环节。首先，要优化教师队伍结构，增加高水平专业教师和实践经验丰富的教师比例，以提高教师教学能力和专业素养。其次，加强教师的职业发展培训，提供更多的培训机会和学习资源，激发教师的学习动力和创新能力。此外，要建立健全的激励机制，通过薪酬、职称评定等方式，激发教师的积极性和创造力。

4. 学生管理策略

学生管理是体育人才培养教学管理的重要内容之一。首先，要建立健全的学生管理制度，明确学生的权利和义务，规范学生的行为和学习规范。其次，加强学生的思想教育和品德培养，培养学生的社会责任感和团队合作精神。此外，要加强学生的职业规划和就业指导，提供就业信息和创业资源，帮助学生顺利就业或创业。

体育人才培养教学管理改革的策略包括课程设置、教学质量保障、教师队伍建设和学生管理等方面。通过这些策略的实施，可以提高教学质量，培养出适应社会需求的优秀体育专业人才。这对于体育人才培养的教学模式和管理机制的改革具有重要意义，对于促进体育人才培养的发展具有积极的推动作用。

第六章

体育人才培养评价体系的构建

体育人才培养一直是体育事业发展的关键环节。随着体育事业的不断发展，对高素质、多层次、复合型的体育人才需求日益增长。然而，目前体育人才培养评价体系并不完善，存在着一些问题和挑战。为了更好地解决这些问题，本章旨在对体育人才培养评价体系进行深入研究和探讨，以期为完善体育人才培养体系提供理论支撑和实践指导。

一、体育人才评价的背景与意义

体育人才培养评价体系是指通过一系列科学的评价指标和方法，对体育人才的培养过程、培养效果进行全面、客观、系统的评价。它旨在评估和改进体育人才培养的各个环节，提高培养质量，为体育人才的培养提供科学的依据和指导。体育人才评价指标体系作为体育人才选拔和培养的重要工具，其重要性不言而喻。在当前体育人才培养体系日益完善的背景下，体育人才评价指标的科学性和准确性，直接影响着体育人才选拔和培养的效果。因此，对体育人才评价的重要性进行深入分析，对于推动体育人才选拔和培养工作具有重要意义。

（一）体育人才评价的重要性

体育人才评价是体育人才选拔和培养的重要环节，它旨在通过科学、客观、全面的评价体系，对体育人才进行综合评估，以确定其在不同领域和层次的适应能力和发展潜力。体育人才评价的重要性体现在以下几个方面。

体育人才评价有助于发现和挖掘潜在人才。

体育人才的培养需要建立在对个体特长和潜能的准确评估基础之上。通过科学的评价体系，可以识别出具有优秀技能、潜力和适应能力的人才，从而为他们提供更好的培养机会和发展空间。同时，体育人才评价还能发现那些在传统评价体系中可能被忽视或被低估的人才，为他们提供展示自己的机会，促进其个人发展和职业成长。

体育人才评价有助于确保选拔公平和公正。

体育人才的选拔工作涉及大量的参与者和复杂的评价标准，如果没有科学的评价体系，很容易出现主观性和不公正的情况。而通过建立科学的评价指标和评估方法，可以使评价过程更加客观、公正，避免人为因素对评价结果的干扰，确保选拔工作的公平性和透明度。

体育人才评价还有助于提高培养效果和选拔效率。

通过对体育人才的全面评估，可以更好地了解其个体特点和发展需求，为其量身定制培养计划和选拔方案。同时，科学合理的评价体系还可以帮助评估人才的发展潜力和适应能力，从而优化人才配置和资源分配，提高培养效果和选拔效率。

体育人才评价在推动体育事业发展。

体育人才是推动体育事业发展的重要力量，而科学合理的评价体系可以为体育人才的选拔和培养提供科学依据和指导，为体育事业的发展提供有力支持。通过对体育人才的全面评估，可以培养出更多具有综合素质和专业技能的优秀人才，提高体育人才的整体水平和竞争力，推动体育事业的可持续发展。

在体育人才选拔和培养过程中，应该充分重视体育人才评价的作用，建立科学合理的评价体系，以促进体育人才的全面发展和职业成长。

（二）体育人才评价的现状分析

1. 体育人才评价指标体系的国内现状

在国内，体育人才评价指标体系的建设已经取得了一定的进展。各级体育部门和学术机构积极开展了体育人才评价指标体系的研究工作，形成了一些初步的评价指标体系框架。这些指标体系主要包括体能素质、技术水平、心理素质、意志品质、道德素养等方面的指标，涵盖了体育人才选拔和培养所需的各项能力和素质。然而，这些指标体系在具体应用中存在着一些问题，如指标设置不够科学、评价方法不够客观等，需要进一步完善和优化。

2. 体育人才评价指标体系的国外现状

与国内相比，国外在体育人才评价指标体系的研究和应用方面更加成熟。各国体育强国在体育人才评价方面已经建立了较为完善的指标体系，并通过长期的实践和总结，逐渐形成了科学、客观、有效的评价体系。这些指标体系不仅包括了体能、技术、心理等方面的指标，还充分考虑了体育人才的综合素质和潜在发展能力，为体育人才选拔和培养提供了有力的支持。

3. 国内外体育人才评价指标体系的比较分析

通过对国内外体育人才评价指标体系的比较研究，可以发现两者在指标选择、评价方法、权重分配等方面存在着一定的差异。国内的指标体系更注重基本素质和技能水平的评价，而国外的指标体系则更加强调综合素质和潜能的挖掘。此外，国外的指标体系在评价方法上更加客观科学，采用了多种量化和定量化的评价手段，而国内在这方面还存在一定的不足。

4. 体育人才评价指标体系的发展趋势

随着体育事业的不断发展和全球化竞争的加剧，体育人才评价指标体系的建设将迎来新的发展机遇。未来，体育人才评价指标体系将更加注重对综合素质和潜能的评价，增加对体育人才综合能力和创新能力的考量。同时，评价方法将更加多样化和科学化，引入更多先进的技术手段和数据分析方法，以提高评价的客观性和准确性。此外，国际合作和经验借鉴也将成为指标体系发展的重要途径，推动体育人才评价指标体系朝着更加国际化和专业化的方向发展。

（三）体育人才评价的研究意义

体育人才评价的研究意义，是体育人才选拔和培养领域中一个极具价值的研究方向。在当今社会，人才是国家发展的核心资源，而体育人才更是国家体育事业繁荣发展的关键。因此，科学、客观、全面地评价体育人才的能力和潜力，对于选拔和培养优秀体育人才具有重要意义。本节将从以下几个方面探讨体育人才评价的研究意义。

1. 提高选拔效率。通过建立科学合理的评价指标体系，可以更准确地评估体育人才的技术、体能、心理素质等方面的表现，从而帮助选拔机构更快速地确定优秀人才，提高选拔效率。这对于国家体育队、各级体育学校以及各类体育俱乐部等选拔机构来说，具有重要的现实意义。

2. 促进人才的全面发展。通过科学的评价体系，不仅能够评估个体的专项技术水平，还可以全面了解个体的身体素质、心理素质、团队协作能力等方面的表现，从而促进体育人才的全面发展。这有助于挖掘和培养更全面、更优秀的体育人才，为国家体育事业的长远发展提供更多的人才支持。

3. 推动体育事业的科学发展。通过深入研究和探讨评价指标体系的建立原则和方法，可以促进体育人才评价工作向科学化、规范化的方向发展，提高评价工作的科学性和准确性。这对于全面提升国家体育事业的水平，推动体育产业的发展具有积极的推动作用。

4. 职业发展提供支持。通过科学的评价体系，可以更好地了解体育人才的优势和不足，为其提供有针对性的培训和指导，帮助其实现职业规划和成长。这有助于激发体育人才的潜能，提高其竞技水平和职业发展的可持续性。

体育人才评价的研究意义体现在提高选拔效率、促进人才全面发展、推动体育事业科学发展以及为体育人才的职业发展提供支持等多个方面，对于国家体育事业的长远发展具有重要的理论和实践意义。

二、国内外体育人才评价指标体系比较

体育人才评价指标体系作为体育人才选拔和培养的重要依据，其构建和应用对于体育人才队伍的建设和培养具有重要意义。本章将通过对国内外体育人才评价指标体系进行比较研究，旨在深入探讨各国在体育人才评价领域的经验和特点，为我国体育人才评价指标体系的完善提供借鉴和启示。

（一）国内体育人才评价指标体系概述

国内体育人才评价指标体系的构建是体育人才选拔和培养工作的重要基础，因此对其进行概述具有重要意义。国内体育人才评价指标体系主要包括体能素质、技术能力、心理素质、意志品质、道德素养、专业知识等多个方面的指标。其中，体能素质是体育人才评价指标体系的基础，包括耐力、爆发力、柔韧性等方面的评价指标。技术能力则是对运动员在具体项目中的表现进行评价，包括动作技术、战术应变能力等方面的指标。心理素质是指运动员在比赛

中应对压力、保持稳定心态的能力，是体育人才评价指标体系中不可或缺的重要部分。意志品质则是指运动员在面对困难和挑战时的毅力和决心，是体育人才评价指标体系中的关键指标之一。道德素养则是对运动员道德品质和精神风貌的评价，包括团队合作精神、敬业精神等方面的指标。专业知识则是对教练员和体育管理人员的评价指标，包括运动训练理论、管理知识、心理辅导等方面的内容。

国内体育人才评价指标体系的概述涉及多个方面的内容，包括体能素质、技术能力、心理素质、意志品质、道德素养和专业知识等多个方面的指标。这些指标构成了国内体育人才评价指标体系的核心内容，对于体育人才选拔和培养工作具有重要意义。

（二）国外体育人才评价指标体系概述

在国外，体育人才评价指标体系是体育人才选拔和培养的重要参考依据。国外体育人才评价指标体系主要包括技术能力、身体素质、心理素质和综合能力等方面的指标。

技术能力是国外体育人才评价的核心指标之一。技术能力的评价包括基本功、战术应用、比赛表现等方面，其中基本功是技术能力的基础，战术应用和比赛表现则是技术能力的综合体现。国外体育人才评价指标体系将技术能力的评价细分为不同项目和不同年龄段，以确保评价的客观性和科学性。

1. 身体素质是国外体育人才评价的重要内容之一。身体素质的评价包括力量、速度、耐力、柔韧性等方面，这些指标对于不同项目的体育人才选拔和培养具有重要意义。国外体育人才评价指标体系通过科学的测试方法和标准，对身体素质进行客观评价，为体育人才选拔和培养提供科学依据。

2. 心理素质也是国外体育人才评价的重要考量。心理素质的评价包括意志品质、心理素质、心理承受能力等方面，这些指标对于体育比赛中的心理素质要求和训练有着重要的指导作用。国外体育人才评价指标体系将心理素质的评价纳入体育人才选拔和培养的重要内容，通过科学的心理测试和评价方法，为体育人才的选拔和培养提供科学依据。

3. 综合能力是国外体育人才评价的综合指标。综合能力的评价包括技战术综合能力、心理素质综合能力、身体素质综合能力等方面，这些指标综合考量了体育人才的整体素质和能力水平。国外体育人才评价指标体系通过科学的评价方法，综合考量各项指标，为体育人才选拔和培养提供全面的评价依据。

国外体育人才评价指标体系注重科学性、客观性和全面性，为体育人才选拔和培养提供了重要的参考依据。在体育人才选拔和培养实践中，国外体育人才评价指标体系的应用对于推动体育人才的全面发展和职业成长具有重要意义。

（三）国内外体育人才评价指标体系的差异与特点

国内外体育人才评价指标体系的差异与特点是体育人才选拔和培养领域的关键议题。

1. 在构建原则上存在明显差异。国外体育人才评价指标体系更加强调多元化和综合性，注重个人技术、心理素质、团队协作能力等方面的评价，而国内体育人才评价指标体系则更加侧重于技术能力和竞技成绩。这种差异导致了国内外在人才选拔和培养过程中所侧重的方面有所不同。

2. 在方法上也存在差异。国外体育人才评价指标体系更加注重科学性和客观性，采用了大量客观测试和心理测量的方法，例如运动能力测试、心理素质测试等，以确保评价结果的客观性和准确性。而国内体育人才评价指标体系则更多采用主观评价和经验判断的方法，缺乏科学性和客观性的保障，容易受到主观因素的影响，导致评价结果的不确定性。

3. 在应用实践中也呈现出显著差异。国外体育人才评价指标体系在人才选拔和培养中更加注重个性化和全面发展，鼓励个体在不同领域的全面发展和多元化发展，注重挖掘和培养潜在能力。而国内体育人才评价指标体系在实践中更多侧重于竞技成绩和技术水平，忽视了个体的多元发展和潜能挖掘，导致人才选拔和培养过程中的单一化和功利化倾向。

4. 国内外体育人才评价指标体系的差异主要体现在构建原则、评价方法和应用实践三个方面，这种差异不仅影响着体育人才选拔和培养的方向和效果，也反映了不同文化背景和体育发展阶段下的不同需求和特点。因此，在今后的体育人才评价指标体系的构建和应用实践中，需要更加注重多元化、科学化和个性化，以更好地适应体育人才选拔和培养的需求。

因此，国内外体育人才评价指标体系的比较研究具有重要的理论和实践意义，有助于为我国体育人才选拔和培养提供更科学、更有效的评价指标体系，推动体育人才队伍建设和培养工作取得更好的成效。

三、体育人才培养评价体系构建

体育人才培养评价体系的构建是体育人才培养工作中至关重要的一环，其设计方法直接关系到评价体系的科学性和有效性。评价体系的设计方法应当基于对体育人才培养的深入理解和对评价体系构建的专业知识，结合实际需求和现实情况，确保评价体系具有可操作性和实用性。通过科学合理的设计方法，评价体系才能更好地服务于体育人才培养的质量提升和全面发展。

（一）评价体系设计方法

在体育人才培养评价体系的构建过程中，评价体系设计方法起着至关重要的作用。评价体系设计方法的选择直接影响到体系的科学性、可行性和有效性。因此，本节将详细介绍评价体系设计方法的选择原则和具体步骤。评价体系设计方法的选择应该基于以下原则：

1. 科学性原则

评价体系设计方法应该基于科学的理论基础和可靠的数据支持。科学性原则要求评价体系设计方法符合体育人才培养的规律和特点，能够准确反映体育人才培养的实际情况。此外，评价体系设计方法应该基于具有科学性和可靠性的数据，以确保评价结果的准确性和可信度。

2. 可行性原则

评价体系设计方法应该具备可行性，即在实际操作中能够得到有效的结果。可行性原则要求评价体系设计方法能够适应不同的体育人才培养环境和条件，能够得到可操作性强、可实施性高的评价结果。评价体系设计方法的可行性还包括评价指标的选择和评价方式的确定。

3. 综合性原则

评价体系设计方法应该具备综合性，即能够综合考虑多个方面的因素和要素。综合性原则要求评价体系设计方法能够综合考虑体育人才的各个方面特点和需求，综合考虑不同评价指标之间的相互关系，综合考虑不同评价方式之间的差异和优劣。

评价体系设计方法的具体步骤如下：

（1）确定评价目标

评价体系设计的第一步是确定评价目标。评价目标是评价体系的核心和基础，直接关系到评价体系的科学性和有效性。确定评价目标需要考虑体育人才培养的整体目标和具体要求，综合考虑体育人才培养的各个方面特点和需求，明确评价体系的目标和功能。

（2）确定评价指标

评价体系设计的第二步是确定评价指标。评价指标是评价体系的核心内容，用于衡量和评价体育人才培养的各个方面特点和要素。确定评价指标需要考虑体育人才培养的实际情况和发展需求，综合考虑不同评价指标之间的相互关系和重要性，确保评价指标的科学性和全面性。

（3）确定评价方式

评价体系设计的第三步是确定评价方式。评价方式是评价体系的操作方法和手段，用于收集和分析评价数据，得出评价结果。确定评价方式需要考虑评价指标的具体要求和实施条件，综合考虑不同评价方式之间的差异和优劣，确保评价方式的科学性和有效性。

（4）确定评价标准

评价体系设计的第四步是确定评价标准。评价标准是评价体系的衡量尺度和判断依据，用于对评价结果进行定性和定量的分析。确定评价标准需要考虑评价指标的具体要求和实施条件，综合考虑不同评价标准之间的差异和优劣，确保评价标准的科学性和准确性。

通过以上步骤，可以设计出一套科学、可行、综合的体育人才培养评价体系。评价体系的设计方法在实践中应该不断完善和改进，以适应体育人才培养的新需求和新挑战。本节的内容旨在为评价体系的设计提供方法和思路，为体育人才培养提供有益的参考和指导。

（二）评价指标体系构建

评价指标体系构建是体育人才培养评价体系中至关重要的一部分。本节旨在对评价指标体系的构建进行详细介绍，包括指标的选择、指标的权重确定以及指标的衡量方法等。

1. 指标的选择

在构建评价指标体系时，我们首先需要选择合适的指标来评价体育人才的培养质量。为了确保评价指标的全面性和科学性，我们采用了以下三个原则进行指标的选择。

我们遵循多元化原则。体育人才的培养是一个综合性的过程，涉及多个方面的能力和素质。因此，我们需要选择不同层面、不同维度的指标，以全面评估体育人才的培养情况。

我们遵循关联性原则。评价指标应与体育人才培养的目标和内容密切相关。只有选择与实际培养需求紧密相关的指标，才能准确评价体育人才的培养效果。

我们遵循可操作性原则。评价指标应具备可操作性，即能够被测量和评估。只有具备可操作性的指标，才能为培养机构提供明确的改进方向和措施。

基于以上原则，我们选择了以下几个指标来构建评价指标体系：

体育知识掌握情况：评估学生对体育学科知识的掌握程度，包括体育理论知识、体育技能和战术等方面的知识。

运动能力发展：评估学生在不同体育项目上的运动能力发展情况，包括速度、力量、耐力、柔韧性等方面的能力。

体育教学能力：评估学生在体育教学方面的能力，包括教学设计、教学组织和教学实施等方面的能力。

体育心理素质：评估学生在体育比赛和训练中的心理素质，包括自信心、意志力、应对压力的能力等。

体育道德素养：评估学生在体育活动中的道德行为和道德价值观，包括团队合作、公平竞争和尊重他人等方面的素养。

2. 指标的权重确定

在评价指标体系中，不同指标的重要性是不同的。为了准确评价体育人才的培养情况，我们需要对不同指标进行权重的确定。

权重的确定需要考虑多个因素，包括体育人才培养的目标、社会需求以及专家意见等。我们采用了层次分析法（Analytic Hierarchy Process，AHP）来确定指标的权重。

具体来说，我们首先建立了一个指标层次结构，将评价指标分为一级指标和二级指标。然后，利用专家问卷调查的方式，对各个指标进行两两比较，得到指标之间的相对权重。

通过计算得出各个指标的综合权重，确定评价指标体系中各个指标的权重。

3. 指标的衡量方法

为了准确评价体育人才的培养情况，我们需要选择合适的衡量方法来对评价指标进行量化。

对于体育知识掌握情况和运动能力发展等可以直接测量的指标，我们可以采用考试、测试和测量等方法进行衡量。

对于体育教学能力、体育心理素质和体育道德素养等无法直接测量的指标，我们可以采用观察、访谈和问卷调查等方法进行衡量。

评价指标体系的构建是体育人才培养评价体系中的重要环节。通过合理选择指标、确定权重和采用合适的衡量方法，我们可以准确评价体育人才的培养质量，为提高人才培养质量提供有益参考。

4. 评价方法选择

评价方法的选择是体育人才培养评价体系构建的一个重要环节。在这一节中，我们将讨论如何选择合适的评价方法来评估体育人才的培养效果。

（1）基于体育人才培养的目标和要求。体育人才培养的目标是培养出具备专业知识和技能、具有良好身体素质和心理素质，并具备团队合作能力和领导能力的优秀人才。因此，评价方法应该能够全面评估学生在这些方面的发展情况。

（2）考虑到评价的可靠性和有效性。评价方法应该具有良好的信度和效度，以保证评估结果的准确性和可靠性。信度是指同一评价方法在不同时间和不同评价者之间的一致性，而效度是指评价方法能否准确地反映被评价对象的特征和能力。

（3）可以采用多种评价方法来评估学生的综合素质和能力。其中，常用的评价方法包括考试、实践表现评估、案例分析、项目评估和学生自我评价等。这些评价方法可以相互补充，综合评估学生在不同方面的表现和能力。

考试是一种常见的评价方法，可以用来评估学生的理论知识掌握程度。

通过考试，可以了解学生在知识点掌握、思维能力和解决问题能力等方面的水平。同时，考试还可以通过设置选择题和主观题等不同类型的题目，全面评估学生的能力。

实践表现评估是一种直接观察和评价学生在实际操作中的表现的方法。通过观察和评估学生在实际操作中的技能运用、团队合作、领导能力等方面的表现，可以了解学生在实践能力和应用能力方面的水平。

案例分析是一种通过分析和解决实际案例来评估学生综合能力的方法。通过给学生提供实际案例，让学生思考和解决问题，评估学生在问题分析、解决方案设计和实施等方面的能力。

项目评估是一种通过评估学生在完成特定项目中的表现来评价学生能力的方法。通过给学生指定特定的任务和项目，评估学生在项目管理、团队合作、沟通协调等方面的能力。

学生自我评价是一种通过学生自己对自己进行评价的方法。通过学生自我评价，可以了解学生对自己的认知和评价，以及对自己的发展方向和目标的认识。

评价方法的选择应该考虑体育人才培养的目标和要求，评价的可靠性和有效性。可以采用多种评价方法相互补充，综合评估学生的综合素质和能力。评价方法的选择应该根据具体情况进行灵活调整，以适应不同学生的特点和需求。

因此，在评价体系设计方法的选择过程中，需要充分考虑体育人才培养的特点和需求，结合实际情况，采用科学合理的方法进行设计，以确保评价体系的有效性和可操作性。评价体系设计方法的科学性和合理性将直接影响评价体系的实际应用效果和推广价值。

四、体育人才培养的评估方法

评估方法在体育人才培养中具有重要意义。本章将探讨三种不同的评估方法，以全面了解学生的综合素质、体育教育资源和体育师资的情况，为提升体育人才培养质量提供科学依据。

（一）学生综合素质评估

学生综合素质评估是体育人才培养中的一种重要评估方法。综合素质评估旨在全面、客观地评价学生在体育学科中的学习成绩、运动技能、身体素质以及综合素质的发展情况。通过对学生的评估，可以了解学生在不同方面的优势和不足，为学生的个性化发展提供科学依据。同时，综合素质评估也是体育人才培养质量的重要保证，可以有效监测和改进培养过程，提高培养效果。学生综合素质评估的指标体系包括学习成绩、运动技能、身体素质和综合素质四个方面。

1. 学习成绩是评估学生学习情况的重要指标。学习成绩的评估可以通过考试、作业、实验报告等方式进行，主要考察学生对体育学科知识的掌握和应用能力。通过评估学生的学习成绩，可以了解学生在学科学习方面的优势和不足，为学生提供个性化的学习指导和帮助。

2. 运动技能是评估学生体育实践能力的重要指标。运动技能的评估可以通过运动技能测试、考核等方式进行，主要考察学生在不同体育项目中的技能水平和应用能力。通过评估学生的运动技能，可以了解学生在不同项目中的优势和不足，为学生提供个性化的训练和指导。

3. 身体素质是评估学生身体发展情况的重要指标。身体素质的评估可以通过身体素质测试、体质监测等方式进行，主要考查学生的身体机能和运动能力。通过评估学生的身体素质，可以了解学生在不同方面的身体发展情况，为学生提供个性化的锻炼和培养。

4. 综合素质是评估学生综合能力的重要指标。综合素质的评估可以通过综合素质评价表、综合素质评估量表等方式进行，主要考查学生的综合素质发展情况，包括思想品德、学习能力、创新能力、团队合作能力等方面。通过评估学生的综合素质，可以了解学生在不同方面的综合能力发展情况，为学生提供个性化的培养和发展。

在学生综合素质评估中，评估方法的选择和实施非常重要。评估方法应该科学、全面、客观、公正，并能够真实反映学生的发展情况。评估方法的选择应根据评估目的和评估内容进行，可以根据不同指标的特点选择不同的评估方法，如考试、测试、观察、访谈等。同时，评估方法的实施需要具备科学的评估工具和评估流程，评估过程中需要严格遵守评估规范和伦理要求，确保评估结果的可靠性和有效性。

（二）体育教育资源评估

体育教育资源评估是评价体育人才培养质量的重要手段之一。本节将从教育资源的多个维度出发，深入探讨体育教育资源评估的具体方法和指标体系。

1. 体育场馆设施评估

体育场馆设施是体育教育的物质基础，其完善程度直接关系到学校体育人才培养的有效性。在评估体育场馆设施时，应该考虑场馆的数量、面积、设施完备度、维护情况等因素。可以采用量化指标，如场馆设施的平均面积、设施更新换代周期、设施利用率等，来评估体育场馆设施的质量和数量是否满足学校体育人才培养的需求。

2. 体育教学人员评估

体育教学人员是体育教育的主体，其专业水平和教学能力直接关系到学生的体育素养提升。在评估体育教学人员时，应该考虑其专业背景、教学经验、教学能力等因素。可以采用定性和定量相结合的方法，如学历背景、专业技能认证、学生评价等，来评估体育教学人员的整体水平和教学效果。

3. 体育教学资源利用评估

体育教学资源的充分利用是提高体育教育效益的重要途径。在评估体育教学资源利用时，应该考虑资源利用率、教学设备更新率、教学活动多样性等因素。可以通过统计分析、教学效果评估等方法，来评估体育教学资源的有效利用程度，以及是否满足学生体育素养培养的要求。

4. 体育教学环境评估

体育教学环境是影响学生体育学习和成长的重要因素，其舒适度和安全性直接影响学生的学习积极性和身心健康。在评估体育教学环境时，应该考虑场地整洁度、安全设施完备度、氛围活跃度等因素。可以通过学生问卷调查、环境检测报告等方式，来评估体育教学环境的整体质量和安全性水平。

5. 体育教学科研成果评估

体育教学科研成果是提升体育教育质量和水平的重要支撑。在评估体育教学科研成果时，应该考虑科研项目数量、成果转化率、教学成果应用效果等因素。可以通过科研项目清单、成果转化报告等方式，来评估体育教学科研成果的质量和实际应用效果。

体育教育资源评估是体育人才培养评估的重要内容之一，通过对体育场馆设施、教学人员、资源利用、教学环境和科研成果等方面的评估，可以全面了解学校体育教育的现状和问题，为制定改进对策提供有力支持。在实际评估中，应根据具体情况综合运用定性和定量方法，构建科学有效的评估指标体系，为提升体育人才培养质量提供有力保障。

（三）体育师资评估

体育师资评估是体育人才培养评估的重要组成部分，其目的在于全面了解和评价体育教师的专业水平、教学能力和教育教学质量，为提高体育人才培养质量提供有力支撑。体育师资评估应该综合考虑教师的学历背景、专业技能、教学经验、科研成果以及教学效果等多个方面的因素。

1. 需要建立科学合理的评价指标体系。评价指标应该包括教师的学历学位、专业技能认证、教学能力、教学成果、学科建设和学科竞赛等多个方面。其中，教学能力可以通过教学观察、听课评估和学生评价等方式进行评估，而教学成果可通过学生学习情况、教学改革成果和科研成果等来考量。

2. 体育师资评估需要建立多维度的评估方法。这包括定性评价和定量评价相结合，既要注重教师的教学效果和教学态度，也要通过数据统计和量化分析来客观评价教师的教学水平和教学成果。同时，可以采用 360 度评价、互评和学生评教等方式，形成多角度、多维度的评估结果，更全面地展现教师的教学情况。

3. 需要注重过程管理和结果运用。评估过程中应该有明确的评估标准和流程，确保评估的客观性和公正性。评估结果要能够为学校制订师资培养计划、教师激励政策和教学改革提供有力支撑，促进体育师资队伍的持续发展和提升。

体育师资评估是体育人才培养评估的重要环节，需要建立科学合理的评价指标体系，采用多维度的评估方法，并注重评估结果的运用，以推动体育师资队伍建设和培养质量的持续提升。

（四）企业评价

体育人才培养的效果，还可以通过第三方，即用人单位来进行跟踪，可采用定性评价与定量评价。

1. 定性评价

定性评价方法是评价体育人才培养企业的重要手段之一。在这一部分，我们将介绍几种常见的定性评价方法，并分析其在体育人才培养企业评价中的应用。

（1）专家访谈

专家访谈是一种常用的定性评价方法，通过与体育产业专家进行深入交流和讨论，可以获取他们对于体育人才培养企业的认知和看法。专家访谈可以深入挖掘专业知识和经验，帮助评价者全面了解体育人才培养企业的实际情况和存在的问题。通过专家访谈，评价者可以获取宝贵的定性数据，为评价体育人才培养企业提供有力支持。

（2）SWOT 分析

SWOT 分析是一种常用的战略管理工具，也可以应用于体育人才培养企业的评价中。通过对体育人才培养企业的优势、劣势、机会和威胁进行系统分析，可以帮助评价者全面了解企业的内部和外部情况，为制定评价策略提供重要依据。SWOT 分析具有很强的针对性和实用性，可以帮助评价者深入挖掘企业的潜力和问题所在。

（3）对手分析

竞争对手分析是通过对比研究其他体育人才培养企业的情况，来评价目标企业的竞争力和优势所在。通过竞争对手分析，评价者可以了解行业内其他企业的发展状况、战略举措和市场表现，从而更好地评价目标企业的实际情况。竞争对手分析可以帮助评价者找到目标企业的优势和劣势，为评价提供重要参考依据。

2. 定量评价方法的应用

定量评价方法在体育人才培养企业评价中扮演着重要角色，它可以通过具体的数据和指标进行客观评价，为企业的改进和发展提供科学依据。下面我们将介绍几种常见的定量评价方法，并分析其应用情况。

（1）绩效评估

绩效评估是一种常用的定量评价方法，通过对企业的绩效指标进行量化评估，可以客观地反映出企业的运营情况和管理效果。在体育人才培养企业评价中，绩效评估可以帮助评价者了解企业的运营效率、人才培养质量和市场竞争力，为企业的发展提供科学依据。绩效评估可以通过多种指标和数据进行量化分析，为企业的改进和提升提供有力支持。

（2）财务分析

财务分析是评价企业经营状况和财务健康度的重要手段，也可以应用于体育人才培养企业的评价中。通过对企业的财务数据进行分析，可以客观地了解企业的盈利能力、偿债能力和发展前景。财务分析可以帮助评价者全面了解企业的金融状况，为企业的战略决策提供重要依据。

（3）调查问卷

调查问卷是收集客观数据和信息的重要手段，也可以应用于体育人才培养企业的定量评价中。通过设计针对性的调查问卷，可以获取员工、客户和合作伙伴的意见和反馈，从而客观地了解企业的内部情况和外部声誉。调查问卷可以帮助评价者获取大量的定量数据，为企业的改进和提升提供科学依据。

五、体育人才培养评价方法与工具

评价方法与工具是体育人才培养评价体系的核心组成部分，对于全面客观地评估学生的综合能力具有重要意义。本章将就主观评价方法及工具、客观评价方法及工具以及综合评价方法及工具展开论述，旨在为体育人才培养评价体系的建立和完善提供理论支持和实践指导。

（一）主观评价方法及工具

主观评价方法及工具是体育人才培养评价体系中的重要组成部分。主观评价方法主要包括面试、问卷调查、观察记录和心理测评等多种手段，这些方法可以全面地了解学生的学习态度、思维能力、情绪管理以及团队合作等方面的表现。同时，主观评价方法也能够帮助教师更好地了解学生的个性特点和发展需求，为个性化的教育提供重要参考。

在主观评价工具方面，面试是一种常用的工具。通过面对面的交流，教师可以更直观地观察学生的表达能力、沟通技巧和人际交往能力。此外，问卷调查也是常用的主观评价工具之一，通过学生自我评价和同行评价，可以获取学生在学习、竞赛、团队合作等方面的自我认知和同伴认知，为学生的个性化发展提供参考。观察记录在主观评价中也起到重要作用，教师可以通过对学生行为、表现和互动的观察，获取更为客观的评价信息。此外，心理测评工具也是主观评价的重要手段，通过心理测试、性格测评和情绪识别等工具，可以全面了解学生的心理特点和发展趋势，为个性化教学提供科学依据。

需要注意的是，主观评价方法与工具的选择需要根据学生的特点和实际需求来确定，要充分考虑评价的全面性和客观性。同时，在使用主观评价方法和工具的过程中，需要保障评价的公平性和准确性，避免主观偏见和随意性，确保评价结果的科学性和可靠性。因此，合理有效地运用主观评价方法及工具，对于体育人才培养评价体系的建设和完善具有重要意义。

（二）客观评价方法及工具

客观评价方法及工具是体育人才培养评价体系中的重要组成部分，它们的选择和运用直接影响着评价结果的客观性和准确性。本节将从客观评价方法和工具的选择、特点和应用等方面展开详细讨论。

1. 选择原则

在选择客观评价方法及工具时，需要充分考虑学生的特点和实际需求。首先，评价方法应具有客观性和公正性，能够对学生的综合能力进行全面评估。其次，评价工具应具有标准化和量化的特点，能够提供可靠的评价数据。最后，评价方法及工具的选择应当兼顾多样性，采用多种评价手段来获取全面的评价信息。

2. 特点分析

客观评价方法及工具的特点主要包括客观性、标准化、量化和多样性。客观性是评价方法及工具的基本特征，它要求评价过程和评价结果不受主观因素的影响，能够客观地反映学生的真实水平。标准化和量化则是客观评价的重要保障，通过明确的评价标准和量化的评价指标，确保评价结果的可比性和可信度。多样性则能够更全面地了解学生的综合能力，避免评价结果的片面性和偏颇性。

3. 应用建议

在实际应用中，可以采用多种客观评价方法及工具，如问卷调查、测验考试、实际操作等。其中，问卷调查可获取学生的主观感受和态度，测验考试可客观评价学生的知识水平，实际操作则能够评价学生的实际能力。在评价结果分析过程中，需要充分考虑学生的个体差异和发展特点，为个性化的发展提供支持，从而实现评价结果的针对性和有效性。

4. 案例分析

以某体育人才培养评价为例，该校采用了多种客观评价方法及工具，包括学生体能测试、技能实训考核、理论知识测验、实习实践报告等。通过综合运用这些评价方法及工具，学校能够全面、客观地评价学生的体育专业能力，为学生的个性化发展提供有力支持。

客观评价方法及工具在体育人才培养评价中具有重要作用，其选择和应用需要充分考虑学生的特点和实际需求，以确保评价结果的客观性、全面性和有效性。

（三）综合评价方法及工具

在体育人才培养评价中，综合评价方法及工具是至关重要的一环。在本节中，我们将探讨几种典型的综合评价方法及工具，以期为体育人才培养评价提供实用的指导和借鉴。

1. 综合素质评价

综合素质评价是一种综合考量学生综合素质的评价方法，包括身体素质、心理素质、技能素质等多个方面。在体育人才培养中，可以通过体育测试、心理测试、技能竞赛等方式进行综合素质评价。例如，可以采用体育测试项目包括 1000 米长跑、跳远、引体向上等，结合心理测试项目包括自我调节能力、团队合作能力等，以及技能竞赛项目包括篮球比赛、足球比赛等，来全面评价学生的综合素质。

2. 综合能力评价

综合能力评价是一种综合考量学生综合能力的评价方法，包括学科知识能力、实践操作能力、创新能力等多个方面。在体育人才培养中，可以通过学科考试、实践操作考核、创新项目评比等方式进行综合能力评价。例如，可以采用学科考试包括体育理论知识考核、实践操作考核包括体育技能操作、创新项目评比包括体育科研项目等，来全面评价学生的综合能力。

3. 综合表现评价

综合表现评价是一种综合考量学生综合表现的评价方法，包括学习表现、训练表现、比赛表现等多个方面。在体育人才培养中，可以通过学习成绩、训练考核、比赛成绩等方式进行综合表现评价。例如，可以采用学习成绩包括课堂表现、作业完成情况等，训练考核包括课堂训练、课外训练等，比赛成绩包括校内比赛、校外比赛等，来全面评价学生的综合表现。

以上所述的综合评价方法及工具，均可以结合定量评价和定性评价相结合的方式进行，以获取更全面、准确的评价结果。在实际应用中，还可以根据学生的特点和实际需求进行个性化评价，为学生的个性化发展提供更有针对性的支持。因此，综合评价方法及工具的选择应当充分考虑学生的特点和实际需求，以期为体育人才培养评价提供更科学、更准确的支持。

六、体育人才培养评价体系的应用与实践

体育人才培养评价体系的应用与实践是本论文的关键章节之一。通过对体育学校教育评价、竞技体育队伍培养评价和社会体育培养评价的深入研究，我们将对体育人才培养评价体系的实际应用和效果进行全面探讨。在本章中，我们将从不同角度对体育人才培养评价体系进行应用，并对实践结果进行客观评估，为体育人才培养提供更加科学的指导和支撑。

（一）体育学校教育评价

体育学校教育评价是体育人才培养评价体系中的重要组成部分，对于体育学校的教育质量和培养效果进行全面评估和监控。本节将从评价指标、评价方法和评价结果三个方面进行详细讨论。

评价指标是体育学校教育评价的核心内容之一。评价指标的选择应基于体育人才培养的目标和需求，旨在全面反映体育学校教育的各个方面。常见的评价指标包括学生体育成绩、体育知识与技能掌握情况、体育教学质量、运动员

的竞技表现等。此外，还可以考虑学校的体育设施、师资力量和管理水平等因素，综合评估学校的整体实力和发展潜力。

评价方法是体育学校教育评价的具体操作手段。评价方法应具备科学性、客观性和可操作性，旨在提供准确的评价结果和有效的改进措施。常见的评价方法包括问卷调查、实地观察、考试和测评等。问卷调查可以收集学生和教师对教育质量的评价意见和建议，实地观察可以了解学校的教学环境和设施状况，考试和测评可以客观地评估学生的学习成绩和技能水平。

评价结果是体育学校教育评价的核心输出。评价结果应根据评价指标和评价方法的综合分析，提供对学校教育质量和培养效果的准确评估和评价。评价结果可以以报告形式呈现，包括对学校整体实力的评估和对各项指标的具体分析。评价结果还可以用于制定改进措施和提出建议，为学校提供改进和发展的方向。

需要注意的是，体育学校教育评价是一个复杂而综合的过程，需要多方面的参与和合作。学校、教师、学生和家长等各方应共同参与评价过程，提供真实和准确的数据和信息，以保证评价结果的科学性和可靠性。此外，评价结果应及时反馈给学校和相关部门，以便及时采取改进措施和调整教育策略。

体育学校教育评价是体育人才培养评价体系中至关重要的一环。通过科学选择评价指标、灵活运用评价方法和准确评估评价结果，可以为体育学校的教育质量提供有效的监控和改进措施，推动体育人才培养工作的不断发展和完善。

（二）竞技体育队伍培养评价

竞技体育队伍是体育人才培养中的重要组成部分，评价竞技体育队伍的培养效果对于提高队伍整体实力和培养优秀运动员具有重要意义。本节将从竞技体育队伍培养的目标、评价指标和评价方法三个方面进行详细探讨。

1. 竞技体育队伍培养的目标

竞技体育队伍培养的目标是培养出具备优秀竞技水平和综合素质的运动员，为国家和地区的体育事业发展做出贡献。在培养目标上，要兼顾运动员的竞技水平和个人素质的全面发展。竞技水平是衡量运动员成绩的重要标准，而个人素质包括身体素质、心理素质、道德素质等多个方面，是保证运动员长期竞技生涯的基础。

2. 竞技体育队伍培养的评价指标

评价竞技体育队伍培养的指标应具有科学性、全面性和可操作性。在科学性方面，评价指标应该基于运动科学理论和实践经验，具有科学的依据。在全面性方面，评价指标应该涵盖运动员的各个方面，包括竞技水平、身体素质、心理素质、道德素质等。在可操作性方面，评价指标应该能够被具体操作和测量，以便对运动员进行准确评价。

具体而言，竞技体育队伍培养的评价指标可以分为以下几个方面：

（1）竞技水平评价指标

竞技水平是评价运动员竞技能力的重要指标，可以通过运动员在各项比赛中的成绩和战绩进行评价。例如，可以评价运动员在国内外重要比赛中的成绩情况、参赛次数、参赛级别等，以及运动员在比赛中的技战术表现、对手水平等。

（2）身体素质评价指标

身体素质是评价运动员体能水平的重要指标，可以通过各项体能测试进行评价。例如，可以评价运动员的力量水平、速度水平、耐力水平、灵敏度水平等，以及运动员的柔韧性、协调性等。

（3）心理素质评价指标

心理素质是评价运动员心理状态和心理能力的重要指标，可以通过心理测量和心理测试进行评价。例如，可以评价运动员的自信心、意志力、抗压能力、注意力集中能力等，以及运动员在比赛中的心理调控能力、应对困难的能力等。

（4）道德素质评价指标

道德素质是评价运动员道德水平的重要指标，可以通过观察和调查进行评价。例如，可以评价运动员的团队合作精神、公平竞争意识、尊重对手的态度等，以及运动员在比赛中的行为规范、遵守规则的能力等。

3. 竞技体育队伍培养的评价方法

评价竞技体育队伍培养的方法应该结合定性和定量的评价手段，综合运用多种评价方法，以提高评价的准确性和可靠性。

（1）考核评价方法

考核评价是对运动员在实际比赛中的表现进行评价的方法，通过观察和记录运动员在比赛中的表现情况，判断运动员的竞技水平、身体素质、心理素质和道德素质等。考核评价可以结合比赛成绩、技术统计和观察记录等多种数据进行综合评价。

（2）测量评价方法

测量评价是通过体能测试和心理测试等手段对运动员的身体素质和心理素质进行评价的方法。通过对运动员进行各项体能测试和心理测试，可以客观地测量和评价运动员的身体素质和心理素质水平。常用的测量评价方法包括身体素质测试和心理素质问卷调查等。

（3）专家评价方法

专家评价是通过专家的判断和评估对运动员进行评价的方法。通过邀请具有丰富经验和专业知识的专家对运动员进行观察和评估，可以得到专业性的评价意见。专家评价可以通过专家访谈、专家打分和专家评估报告等形式进行。

（4）综合评价方法

综合评价是将多种评价方法进行综合分析和综合评价的方法。通过对运动员的竞技水平、身体素质、心理素质和道德素质等方面进行综合评价，可以得出综合评价结果。综合评价可以通过加权平均法、模糊综合评价法和层次分析法等进行。

竞技体育队伍培养的评价是一个复杂而又关键的工作，需要综合运用科学的评价指标和方法，以确保评价的准确性和可靠性。通过对竞技体育队伍培养的评价，可以及时发现问题，优化培养方案，提高培养效果，为国家和地区的体育事业发展做出贡献。

（三）社会体育培养评价

社会体育培养评价是体育人才培养评价体系中的重要组成部分。社会体育培养是指在社会环境下进行的体育人才培养活动，包括学校、俱乐部、社区等各个层面的体育培养。社会体育培养评价的目的是评估培养机构和教练员的培养效果，为培养出更多优秀的体育人才提供参考和指导。本节将详细介绍社会体育培养评价的内容和方法。

1. 评价指标体系的构建

社会体育培养评价指标体系的构建是社会体育培养评价的基础。评价指标体系需要综合考虑培养目标、培养内容、培养方法等多个方面的因素。常见的评价指标包括身体素质、技能水平、竞技成绩、心理素质等。从培养目标的角度来看，评价指标体系可以分为基础培养指标和专业培养指标两个层次。基础培养指标主要评价学员的身体素质和基本技能水平，专业培养指标则主要评价学员在特定项目或领域的竞技成绩和专业能力。

2. 评价方法的选择

社会体育培养评价方法的选择应根据评价目的和评价指标的特点来确定。常见的评价方法包括测试评价、观察评价和问卷调查评价等。测试评价是通过对学员进行体能测试、技能测试等来评价其身体素质和技能水平。观察评价是通过对学员在训练和比赛中的表现进行观察和记录来评价其竞技能力和心理素质。问卷调查评价是通过向学员、教练员和家长等相关人员发放问卷，了解他们对培养效果的评价和建议。根据评价指标的特点和评价目的，可以选择单一的评价方法，也可以采用多种方法相结合的方式进行评价。

3. 评价的实施和效果评估

社会体育培养评价的实施需要培养机构和教练员的积极参与和支持。培养机构应建立健全的评价制度和评价流程，明确评价的目的和内容，并提供评价所需的资源和支持。教练员应加强对学员的培养和指导，提高培养效果和竞技成绩。评价的结果应及时反馈给学员和教练员，以便他们及时调整培养计划和方法。同时，还应对评价的效果进行评估，了解评价的质量和效果，为进一步改进评价体系提供依据。

4. 评价的问题和挑战

社会体育培养评价面临着一些问题和挑战。首先，评价指标的选择和确定存在主观性和客观性的问题。评价指标的选择应综合考虑多个因素，但不同人对评价指标的理解和重视程度可能存在差异。其次，评价方法的选择和实施存在技术和资源的问题。一些评价方法需要专业的仪器设备和技术人员的支持，而培养机构和教练员可能缺乏这方面的资源和能力。最后，评价结果的反馈和利用存在效果和应用的问题。评价结果的反馈和利用需要培养机构和教练员的积极参与和支持，但他们可能对评价结果的重视和利用程度存在差异。

社会体育培养评价是体育人才培养评价体系中不可或缺的一部分。社会体育培养评价的指标体系需要综合考虑培养目标和培养内容，评价方法的选择应根据评价目的和评价指标的特点来确定，评价的实施和效果评估需要培养机构和教练员的积极参与和支持。然而，社会体育培养评价面临着一些问题和挑战，需要进一步完善和解决。

七、体育人才培养评价体系的效果评估

体育人才培养评价体系的效果评估是本研究的关键内容之一。通过对评价体系应用效果进行评估，可以客观地了解评价体系在实际应用中的效果和影响，为进一步完善体育人才培养提供可靠的数据支持。同时，培养结果评估也是本章的重点之一，通过对已培养人才的综合素质和能力进行评估，可以验证评价体系的科学性和有效性。此外，评价体系改进措施也是本章的关注焦点，对评价体系的不足之处进行分析和总结，并提出相应的改进措施，旨在进一步提高评价体系的科学性和实用性。

（一）评价体系应用效果评估

本节旨在对体育人才培养评价体系的应用效果进行评估。通过对评价体系的实践应用，可以客观地评估其在体育人才培养中的效果，为进一步完善体育人才培养评价体系提供参考。在本节中，将分别从评价指标的选取、评价方法的运用以及评估结果的分析等方面进行详细阐述。

对于评价体系的应用效果评估，需要明确评价指标的选取。我们基于体育人才培养的目标和要求，选取了一系列能够反映体育人才培养效果的评价指标。这些指标包括体育知识技能的掌握程度、体育能力的培养情况、体育素养的提升程度等。通过对这些指标的综合评估，可以全面了解体育人才培养的效果和成效。

评价体系的应用效果评估还需要运用适当的评价方法。我们采用了定性和定量相结合的评价方法，以确保评价结果的客观性和准确性。定性评价方法包括观察法、访谈法和问卷调查法等，通过对学生的学习情况、教师的教学方法和教育环境等进行观察和调查，获取相关数据。定量评价方法则通过统计分析

和数据处理，对评价指标进行量化分析，从而获得具体的评估结果。通过这些评价方法的综合应用，可以全面了解体育人才培养评价体系的应用效果。

对于评价体系应用效果的评估结果，我们将对其进行详细的分析。通过对评价结果的统计和比对，可以对体育人才培养评价体系的应用效果进行客观的评估和分析。同时，我们还可以通过与其他评价体系的对比，了解本评价体系的优势和不足之处，为进一步完善评价体系提供参考。此外，还可以通过与实际培养效果的对比，验证评价体系的有效性和准确性。通过这些分析，可以得出对评价体系应用效果的合理评价和结论。

（二）培养结果评估

体育人才培养的最终目标是培养出具备专业技能和素质的优秀人才，因此对于培养结果的评估显得尤为重要。本节将从几个方面对体育人才培养的结果进行评估，包括培养目标的实现程度、学生综合素质的提升、专业技能的掌握程度以及毕业生就业情况等。

1. 从培养目标的实现程度来考量。体育人才培养的目标一般包括专业知识的掌握、体育技能的提高、综合素质的培养等方面。评估结果要通过对学生的学习成绩、实践能力、综合素质等方面进行综合分析，判断学生在各个方面的表现是否达到了培养目标。

2. 要考查学生综合素质的提升情况。综合素质是指学生在知识、能力、品德等方面的全面发展。评估结果可以通过对学生的学术表现、科研能力、团队协作能力、社会责任感等方面进行综合评价，判断学生的综合素质是否得到了提升。

3. 要考查学生专业技能的掌握程度。体育人才培养的一个重要目标就是培养学生具备扎实的专业技能。评估结果可以通过对学生在实际操作能力、竞技水平、教练能力等方面进行评价，判断学生是否具备了一定的专业技能。

4. 要考虑毕业生的就业情况。毕业生的就业情况是评估体育人才培养效果的一个重要指标。评估结果可以通过对毕业生就业率、就业岗位与专业对口程度、就业质量等方面进行分析，判断体育人才培养是否满足了社会对人才的需求。

评估体育人才培养的结果需要从多个方面进行考量，从而全面客观地评价体育人才培养的效果。

（三）评价体系改进措施

评价体系是评估体育人才培养效果的重要工具，但随着体育事业的发展和人才培养的需求变化，评价体系也需要不断改进和完善。本节将提出一些评价体系改进的措施，旨在提高评价体系的科学性、准确性和实用性。

评价体系的指标体系需要进一步细化和量化。目前，评价体系的指标较为宏观，无法对体育人才培养的各个方面进行全面评估。因此，可以通过构建更具体、更细致的指标体系，将评价指标细化到每个具体的环节和要素，从而更准确地评估体育人才的培养效果。例如，可以将培养过程中的训练质量、比赛成绩、技术水平等指标作为评估的依据，以更全面、客观地评价体育人才的综合培养效果。

评价体系的评价方法需要多样化。目前，评价体系主要采用问卷调查和专家评估的方式进行评价。然而，这种评价方法存在主观性较强、评价结果容易受到个体差异和主观认知的影响等问题。因此，可以引入更多样化的评价方法，如实地观察、实验研究、案例分析等，以多角度、多维度地评估体育人才的培养效果。这样可以获得更客观、全面的评价结果，提高评价体系的科学性和准确性。

此外，评价体系的数据采集和管理需要规范化和自动化。目前，评价体系的数据采集和管理主要依赖人工操作，存在数据不准确、操作烦琐等问题。为了提高评价体系的效率和准确性，可以借助现代信息技术手段，构建评价体系的数据采集和管理系统，实现数据的规范化、自动化和实时化。这样可以减少人工操作的错误和漏洞，提高评价体系的数据质量和可靠性。

评价体系的改进还需要注重实践应用和经验总结。评价体系的改进不能只停留在理论层面，还需要在实践中不断验证和完善。因此，可以通过开展一系列实践项目和实验研究，不断验证和修正评价体系的指标和方法。同时，还可以加强与其他单位和机构的合作，借鉴和吸收其他领域的评价经验和做法，以丰富和完善体育人才培养评价体系。

评价体系改进的措施包括指标体系的细化和量化、评价方法的多样化、数据采集和管理的规范化和自动化，以及实践应用和经验总结的重视。这些措施的实施将有助于提高评价体系的科学性、准确性和实用性，进一步完善体育人才培养评价体系，提高人才培养质量。

因此，通过对体育人才培养评价体系的效果评估与不断改进，不断完善评价体系，提高人才培养质量，为体育事业发展提供坚实的人才保障。

八、体育人才培养评价体系经验启示

体育人才培养一直是体育事业发展的关键环节，在国内外，各种不同类型的体育人才培养实践经验不断涌现。这些实践经验不仅为我国体育人才培养提供了宝贵的借鉴，同时也为我们探索体育人才培养评价体系提供了丰富的经验积累。评价体系在其他领域的借鉴意义也在逐步凸显，在不同领域的成功经验可以为体育人才培养评价体系的构建和完善提供有益的启示。体育人才培养评价体系的可持续发展是我们关注的焦点，只有不断优化完善，才能更好地服务于体育人才培养事业。

（一）国内外体育人才培养实践经验

国内外体育人才培养实践经验是体育人才培养评价体系的重要组成部分，通过借鉴国内外的经验，可以为我国体育人才培养提供有益的参考。国内外在体育人才培养方面积累了丰富的经验，包括培养理念、培养模式、培养方法等方面，这些经验对于我国体育人才培养具有重要的借鉴意义。

1. 注重综合素质的培养。体育人才的培养不仅要注重技术和专业能力的培养，还要注重综合素质的培养，包括身体素质、心理素质、道德素质等方面。例如，美国的体育人才培养实践中，注重培养学生的领导能力、团队合作能力和创新能力，通过开展各种综合素质培养活动，提高学生的综合素质水平。

2. 注重实践能力的培养。体育人才的培养不能仅仅停留在理论层面，还要注重实践能力的培养。例如，德国的体育人才培养实践中，注重培养学生的实践能力，通过实践性教学和实践项目的开展，提高学生的实践能力水平。这种实践能力的培养可以使学生在实际工作中更加游刃有余。

3. 注重创新能力的培养。体育事业的发展需要不断创新，因此培养体育人才也要注重创新能力的培养。例如，澳大利亚的体育人才培养实践中，注重培养学生的创新能力，通过创新教育和创新项目的开展，激发学生的创新潜能，提高学生的创新能力水平。

4. 注重实践与理论相结合。体育人才的培养不能只注重理论知识的传授，还要注重实践与理论的结合。例如，英国的体育人才培养实践中，注重将理论知识与实践操作相结合，通过实践性教学和实践项目的开展，使学生在实践中巩固和应用理论知识。

国内外体育人才培养实践经验为我国体育人才培养提供了重要的借鉴，这些经验可以为我国体育人才培养评价体系的构建和实践应用提供有益的启示。

（二）评价体系在其他领域的借鉴意义

评价体系在体育人才培养中发挥了重要作用，同时也具备一定的借鉴意义，可在其他领域得到应用。首先，评价体系可以促进人才培养的科学性和规范性。通过建立合理的评价指标和评价方法，可以准确评估个体的能力和潜力，从而为培养提供科学依据。这一点在教育、职业培训等领域同样适用。例如，在教育领域，可以通过评价体系来评估学生的学习成绩、综合素质和创新能力，从而更好地指导教学和培养学生的全面发展。在职业培训领域，评价体系可以帮助评估培训效果和个体的职业能力，为企业和个人提供科学决策依据。

评价体系在其他领域的借鉴意义还体现在促进个体发展和激励机制的建立。评价体系不仅可以评估个体的现有能力，还可以评估个体的发展潜力和进步情况。通过对个体的全面评价，可以发现个体的优势和不足，并为其提供个性化的培养和发展建议。这对于激发个体的积极性和创造力具有重要意义。在企业管理中，可以借鉴评价体系的思想，建立有效的员工绩效评价体系，通过评价结果激励员工的发展和进步，提高组织的绩效和竞争力。

另外，评价体系在其他领域的借鉴意义还体现在提高组织的管理水平和决策效果。评价体系可以为组织提供全面的信息和数据支持，从而帮助组织分析和判断现状，并制定科学合理的管理策略和决策方案。例如，在医疗领域，可以建立医生绩效评价体系，通过评价医生的技术水平、治疗效果和医疗质量，为医院和患者选择合适的医生，提高医疗服务的质量和效果。在政府管理中，可以借鉴评价体系的思想，建立科学合理的绩效评估和考核体系，从而提高政府的管理水平和决策效果，更好地为社会提供公共服务。

因此，我们可以借鉴体育人才培养评价体系的经验，积极推动评价体系在其他领域的应用，从而推动各个领域的发展和进步。

（三）体育人才培养评价体系的可持续发展

体育人才培养评价体系的可持续发展是体育人才培养工作的重要保障和推动力量。在本节中，我们将从两个方面对体育人才培养评价体系的可持续发展进行探讨。首先，我们将从评价指标的完善和更新角度来探讨可持续发展的重要性。其次，我们将从评价体系的实施和监测角度来分析可持续发展的关键要素。

评价指标的完善和更新是体育人才培养评价体系可持续发展的重要保证。随着体育事业的发展和人才培养目标的变化，评价指标需要与时俱进，以适应新的需求和挑战。评价指标的完善和更新需要考虑多个因素，包括科学性、实用性、可操作性和可比性等。科学性是指评价指标应该基于科学理论和实践经验，能够准确反映被评价对象的特征和能力。实用性是指评价指标应该具有实际应用的意义，能够为人才培养提供有针对性的指导和参考。可操作性是指评价指标应该具有明确的定义和可测量的特征，能够被实际操作和收集相关数据。可比性是指评价指标应该具有一定的普适性和可比性，能够跨不同时间和空间进行比较和参照。评价指标的完善和更新需要通过持续的研究和实践来实现，以保证评价体系的可持续发展。

评价体系的实施和监测是体育人才培养评价体系可持续发展的关键要素。评价体系的实施需要依靠相关的机构和人员来组织和推动，包括政府部门、体育学院、体育培训机构和教练员等。评价体系的实施需要建立完善的工作机制和流程，包括评价标准的制定、评价方法的选择、评价数据的收集和分析等。同时，评价体系的实施需要注重监测和反馈，及时发现和解决问题，以保证评价体系的有效性和可行性。监测和反馈可以通过定期的评价结果发布、专家评议和用户调查等方式进行，以提供决策参考和改进建议。

体育人才培养评价体系的可持续发展是体育人才培养工作的重要保障和推动力量。评价指标的完善和更新以及评价体系的实施和监测是体育人才培养评价体系可持续发展的关键要素。只有通过持续的研究和实践，不断改进和完善评价体系，才能为体育人才培养提供更有效的指导和支持，提高培养质量，培养更多的优秀体育人才。

九、结语

体育人才培养评价体系对于提高人才培养质量具有积极作用，需要兼顾量化指标和定性评价，与实际情况相结合，并需要多方参与和支持。这些结论对于完善体育人才培养评价体系、提高人才培养质量具有重要的研究意义和实践价值。未来的研究可以在此基础上进一步深化和拓展，为体育人才培养提供更加科学有效的评价体系。体育人才培养评价体系方面的创新点主要包括引入多维度评价指标、考虑学生的学科素养和创新能力、关注学生的综合素质以及应用科技手段进行评价。这些创新点的引入将有助于更全面、客观地评估学生的综合素质，提高体育人才培养的质量和效果。未来研究可以从以下几个方面进行展开。

1. 探讨体育人才培养评价体系的指标体系。目前，我们构建的评价体系已经包含了多个指标，如体能指标、技战术指标、心理素质指标等。然而，随着体育事业的发展和人才培养的需求，可能会涌现出新的指标。因此，未来的研究可以通过对不同领域和层次的体育人才进行全面、深入的调研，探索更加科学、全面的评价指标体系。

2. 研究评价体系的权重分配方法。在当前的评价体系中，我们给出了不同指标的权重，以反映其在体育人才培养中的重要性。然而，这种权重分配方法可能还存在一定的主观性和不确定性。因此，未来的研究可以通过运用数理统计方法、机器学习算法等技术手段，对评价指标的权重进行更加客观、科学的分配，提高评价体系的准确性和可靠性。

3. 拓展评价体系的应用范围。目前，我们的评价体系主要针对体育人才培养进行评估和改进。然而，评价体系的应用不仅仅局限于人才培养领域，还可以在体育竞赛、教学评价、选拔等方面发挥重要作用。因此，未来的研究可以将评价体系应用于更广泛的领域，探索其在不同场景下的适用性和效果。

4. 完善评价体系的评估方法。我们采用定性和定量相结合的方法对评价体系进行了评估，未来，可以通过引入新的评估方法和指标，如模糊综合评价、层次分析法等，提高评价体系评估的科学性和准确性。

5. 研究评价体系的实施策略和效果评估。我们将评价体系应用于实际的人才培养中，并对其效果进行了评估。然而，我们仅仅是在一定时间和环境条件下进行了应用和评估，还需要进一步研究评价体系的实施策略和效果评估。未来可以通过跨学科合作，结合实际的培养实践和体育政策的需求，深入研究评价体系的实施策略和效果评估，为体育人才培养提供更加科学、有效的指导。

将来我们可以从指标体系、权重分配方法、应用范围、评估方法和实施策略等方面展开，进一步探索体育人才培养评价体系的精细化指标设计和实践应用，以期不断完善体育人才培养的质量和效果。

第七章

体育人才培养校企合作研究

“校企合作”是将专业教学与相关行业相结合，促成“产、学、研”一体化的培养模式，能够提升学生的专业技能及激发创造思维，从而使学生能更好地满足社会需求，提高就业率。校企合作和产教融合是人才培养的重要途径，但目前体育人才培养存在很多问题，如：培养目标不具体，“双师型”教师紧缺，课程设置内容单一，校企合作课程比重过少，校企合作实训基地不健全等，要进一步推进校企合作，进一步推进体育人才培养的发展。

一、校企合作在体育人才培养中的意义

《国务院关于加快发展现代职业教育的决定》明确提出，要“强化校企协同育人”“健全企业参与制度”“发挥企业重要办学主体作用”，以切实提高校企合作的有效性；习近平总书记就加快职业教育发展作出重要指示，强调要牢牢把握服务发展、促进就业的办学方向，深化体制机制改革，创新各层次各类型职业教育模式，坚持产教融合、校企合作，坚持工学结合、知行合一，引导社会各界特别是行业企业积极支持职业教育，努力建设中国特色职业教育体系。

校企合作是职业教育培养技术技能型人才的必要基础，对职业教育提升内涵和创新发展都具有十分重要的意义。校企合作在体育人才培养中具有重要的作用和意义。校企合作是当前体育人才培养体系构建中不可或缺的重要环节，其意义与价值凸显在多个方面。

首先，校企合作可以提高体育人才培养的实践能力。在校企合作的模式下，学生有机会参与真实的工作场景，接触实际的体育项目，从而提高自己的

实践技能。通过与企业的合作，学生可以学习到最新的体育技术和管理理念，了解行业的最新动态，为将来的职业发展打下坚实的基础。

其次，校企合作可以提升体育人才的就业竞争力。校企合作可以为学生提供实习和就业机会，使他们能够在校期间就接触到真实的职业环境，了解行业的就业需求和要求。通过与企业的合作，学生可以获得更多的实践经验和职业技能，提高自己在就业市场的竞争力，增加就业的机会。

此外，校企合作还可以促进体育人才培养的创新和发展。校企合作可以为学校提供更多的资源和支持，使学校能够更好地开展创新教育和培养工作。通过与企业的合作，学校可以了解行业的需求和趋势，及时调整教育内容和培养方式，提升培养质量和效益。同时，校企合作还可以促进教师和企业人员之间的交流与合作，提高教师的教学水平和专业素养。

校企合作在体育人才培养中的意义不仅体现在学生个体层面，也体现在社会层面。校企合作可以有效整合校内外资源，提高资源利用效率。通过与企业的合作，学校可以借助企业的力量来改善教学设施和实验条件，提高教学质量。同时，校企合作还可以促进学校与企业之间的深度合作，形成良性互动的良好合作关系，为体育人才培养提供持续的支持和保障。

校企合作在体育人才培养中发挥着重要的作用和意义。通过校企合作，学生可以提高实践能力，增加就业竞争力，学校可以实现教育创新和发展，社会可以获得更多的人才和资源。因此，进一步推进和加强校企合作，对于促进体育人才培养具有重要的意义和价值。

国外一些学校与当地体育用品公司合作，共同开展体育器材设计与生产实践课程。学校提供专业师资力量和实验室设施，公司提供实际生产场地和市场需求信息。通过校企合作，学生在实际生产中学习到了设计理念与市场需求的结合，培养了实际操作能力和市场洞察力。同时，公司也从中受益，得到了一批具备专业知识和市场意识的潜在员工。这种合作模式有效地整合了校内外资源，提升了学生的实践能力和就业竞争力。国外一些学校还与体育俱乐部合作开展实习项目。学生在体育俱乐部进行实习，参与管理、训练、比赛等各个环节，获得了丰富的实践经验。通过与专业教练和运动员的互动，学生的专业素养得到了极大提升。而体育俱乐部也通过这种方式，发掘了潜在的优秀人才，并为学生提供了就业机会。这种校企合作模式不仅提升了学生的实践能力，也促进了体育产业的发展。

总的来看，国内外校企合作实践经验表明，通过建立校企合作模式及运作机制，可以有效提升学生的实践能力和就业竞争力。这对于促进体育人才培养具有积极作用。同时，体育人才培养校企合作也为体育产业和人才培养贡献了重要力量，为未来的发展提供了有力支持。

二、我国中等职业教育校企合作模式

我国的职业教育发展缓慢，职业教育形式还是沿用普通教育形式，沿用以学科教学为中心的普通教育形式。随着职业教育的快速发展和办学形势的不断变化，各中职学校正在努力探索符合当今社会、适合学校发展的人才培养形式——校企合作。校企合作是中职学校谋求自身发展、实现与市场接轨、大力提高育人质量、有针对性地为企业培养一线实用型技术人才的重要举措，其初衷是让学生在校所学与企业实践有机结合，让学校和企业的设备、技术实现优势互补、资源共享，以切实提高育人的针对性和实效性，提高技能型人才的培养质量。目前比较成型的有“订单式”的形式、工学交替的形式、“2. 5+0. 5”学制、产业园、职业教育集团化办学、“校中厂，厂中校”、“政校企”共建校企合作、基于现代学徒制的职业教育校企合作。

（一）订单式培养

“订单式”的办学形式是指作为教育一方与需求一方的企业根据当前社会和市场的需求一起商讨制订所需劳动者的教育计划，双方签订订单，并在教师、技能、教育的形式等方面进行合作，通过“工学交替”的方式分别在学校和企业进行教学，学生毕业后可以直接到用人单位工作的培养形式。“订单式”培养的教育形式的特点在于能够使学校、企业、学生三方实现“三赢”，这种合作形式对学校来说，是相互补充的。要抓住这个三方利益的结合点，这样能够使订单式培养的形式更好地实行，同时保证了订单式培养的形式发展的基础。还有，“订单式”教育的教学的理念、教育的规格、专业与课程的研发、管理机制的运作都应该是和企业相互支持， 资源共享。

（二）工学结合

工学结合是一种学生学习与工作相结合的一种教育形式，是人才培养形式的重大创新。这种培养形式的特点是学生学习的开放性、实践性和职业性。这种形式对学生来说，就是走出纯理论讲授的教室，作为准职业人参与实际工作，在生产实践中学习。一方面有企业里师傅的指导，另一方面有学校教师对学生理论指导，尽快实现学生角色向职业人角色的转变。工学结合的培养形式，能够很好地使用企业的资源和适应企业的职业氛围，提升中职生的职业技能和职业道德培养，把学校教育的课堂搬到企业的生产现场，做到了企业和学校双方都能育人，而且使学生更好更早地适应企业的工作，把学生以后的工作岗位与职业教育更好地联系在起来，充分体现“以服务为宗旨，以就业为导向”的办学方针。

（三）定岗实习

定岗实习：《国务院关于大力发展职业教育的决定》中的“2+1”教育模式，即在校学习 2 年，第 3 年到专业相应对口的指定企业，带薪实习 12 个月，然后由学校统一安排就业。2016 年 4 月 11 日，教育部、人社部、应急管理部等 5 部门联合发出《关于印发〈学生实习管理规定〉的通知》（以下简称《规定》），规定学生“顶岗实习一般为 6 个月”。中职学校的人才培养模式由过去的“2+1”改为“2. 5+0. 5”，即学生在校学习时间延长半年，由过去两年变为两年半，在企业顶岗实习缩短半年，由过去的 1 年减少为半年。

现在国家对中等职业教育越来越重视，也引起广大职教工作者越来越多的关注。 2007 年全国职业教育工作会议上，改革职业教育人才培养模式，试行有中国特色的半工半读人才培养体制成为职业教育教学改革新的亮点。

（四）校中厂，厂中校

“校中厂”一般是指由职业院校提供场地，与职业院校主体专业关联度较高的企业合作，将企业的一些生产设备、技术人员等资源引入学校共建实训基地，进行产品开发、生产和研究的同时开展校内教学实训。“厂中校”是指合作企业为职业院校提供具有一定规模、相对稳定，可以满足职业院校学生校外实习、实训、实练、教师培训、产学研合作和社会服务的重要基地。“校中厂”“厂中校”是针对我国职业院校办学经费有限、企业参与职业教育动力不足，为更好地推动职业教育校企合作而提出的一种解决路径，是校外基地教学化与校内基地生产化思维的拓展。它的优点在于降低职业院校的办学成本，实现了在校内建设生产流水线，学生可以根据需要开展生产性实训，及早适应社会发展需要。另外创新了“做中学、学中做”人才培养模式，实训教学落到实处，学校教育与企业管理相得益彰。这种职业教育校企合作模式极大地提高了教育教学质量，丰富了教学内容，保障了职业院校人才培养的质量。

（五）职业教育集团化办学

现代职业教育集团通过抱团借力，共建共享、共赢共长，有效地促进职业教育改革与发展，打造江西职业教育升级版，尤其在职业教育校企合作方面取得不俗的成就。优点是推进了校企合作向纵深层次发展，推动形成“政府引导、市场运作、社会参与”的工作格局，着力解决园区企业技能人才短缺的问题。另外还创新了职业教育校企合作模式，实现互利发展。

（六）现代学徒制

现代学徒制是基于传统学徒制建立起来的，是通过学校与企业的深度合作、教师与师傅的联合传授，对学生以技能培养为主的现代人才培养模式。是一种招生与招工一体化的人才培养模式。学生在不脱离工作岗位的情况下，学校派出专任教师传授理论知识和基本技能，企业派师傅传授专业技能实施正规学历教育，从而获得知识、技能和学历的提升。它综合了学历职业教育和在职职业培训两者的优点。从理论上来说，它是职业教育人才培养中一种较为理想的教育形式，推动职业教育体系和劳动就业体系互动发展，能有效地破解当前我国职业教育校企合作存在的一些难题。基于现代学徒制的职业教育校企合作的优点主要有：

1. 有利于提高顶岗实习质量，基于现代学徒制的职业教育校企合作可以从指导人员的配备、实习时间的充裕、职业技能的考核等方面来确保提高企业内顶岗实习的质量。

2. 有利于人才培养与企业对接，基于现代学徒制的职业教育校企合作是一种典型的以企业为主体的校企合作。在企业主导之下的人才培养方案能够契合生产岗位的需要，同时以实践性为主要特征的工作本位课程模式又足以让学生接触和使用最新的设备，真正学到技术和方法。

三、校企合作模式运作机制

在选择合作模式时，需要根据合作目标以及校企双方的资源和需求进行综合考虑。具体来说，可以从以下几个方面进行选择：

根据合作目标和需求确定合作的内容和形式。合作的内容可以包括实习实训、教学资源共享、课程开发等，形式可以是企业赞助、合作办学、实习基地建设等。根据具体情况，选择最适合的合作形式和内容，能够更好地实现合作目标。

考虑校企双方的资源和需求。和企业在资源和需求方面存在差异，因此需要在选择合作模式时进行匹配。比如，学校可以提供教学资源和师资力量，而企业可以提供实践机会和职业发展支持。根据双方资源的互补性和需求的匹配度选择合作模式，能够更好地实现资源共享和优势互补。

考虑合作的可持续性和长远发展。合作的可持续性是合作模式选择的重要指标之一。合作模式应该能够适应体育人才培养的长远发展需求，同时能够在实践中不断创新和改进，以适应不断变化的环境和需求。

合作模式选择的原则和方法主要包括确定合作内容和形式、匹配资源和需求、考虑可持续性和长远发展。通过综合考虑这些因素，可以选择出最适合的合作模式，实现校企合作的最佳效果。

1. 合作模式选择

校企合作的运作机制中，合作模式的选择至关重要。校企合作的模式多样化，包括产学研合作、实习实训基地建设、项目合作等多种形式。在选择合作模式时，需要充分考虑学校和企业的实际情况，确定合作的具体形式和内容，以便实现资源共享、优势互补，推动双方合作的深入开展。

2. 资源整合

在校企合作中，资源整合是实现合作共赢的重要手段。学校可以整合教学资源、科研资源和人才资源，而企业可以提供实践平台、技术支持和就业机会等资源。通过资源整合，双方可以有效地将各自的资源优势进行互补，实现资源共享，推动校企合作事业的健康发展。

3. 风险防范

校企合作过程中，存在着各种潜在的风险，包括合作风险、法律风险和经济风险等。为了有效防范风险，需要建立健全的风险管理机制，明确合作双方的权利和义务，规范合作行为，预防合作中可能出现的问题，并及时采取有效措施进行应对，以确保校企合作的顺利开展。

4. 成果评估

校企合作的最终目的在于取得合作成果，因此成果评估是校企合作运作机制中的重要环节。通过建立科学的评估体系，对合作项目的进展和成果进行定期评估和检查，可以及时发现问题加以解决，同时也可以总结经验，为今后的合作提供借鉴和指导，推动校企合作事业取得更大的成就。

5. 合作意识

在校企合作的关键要素中，合作意识是最为基础和关键的因素之一。学校和企业需要树立合作共赢的理念，增强合作意识，以实现互利互惠、优势互补，共同推动校企合作事业的健康发展。

6. 信息共享

信息共享是校企合作中的重要环节，通过信息共享，双方可以及时了解对方的需求和资源情况，实现信息对称，为合作提供更为有效的保障，促进合作的深入开展。

7. 利益协调

在校企合作中，学校和企业往往有着不同的利益诉求，因此需要进行有效的利益协调。通过协商和沟通，双方可以明确各自的利益诉求，寻求利益的最大公约数，达成共识，推动合作事业的顺利进行。

8. 风险应对

校企合作中存在着各种风险，包括合作风险、技术风险和市场风险等。为了应对风险，需要建立健全的风险应对机制，及时发现风险，采取有效措施进行化解，保障合作事业的稳步推进。

校企合作的运作机制与关键要素是确保合作顺利进行和取得成效的重要保障。只有在充分考虑合作模式选择、资源整合、风险防范和成果评估等方面，以及树立合作意识、信息共享、利益协调和风险应对等关键要素的基础上，校企合作才能够取得更好的效果，为学校体育人才培养校企合作事业的发展贡献更多的力量。

四、校企合作和体育教学的关系

（一）校企合作促进体育教学的改革，对体育教学提出新的要求

1. 要有双重的体育教学任务

双重的体育教学任务是指既要完成体育教学大纲中的教学任务，又要完成不同专业所需要的身体素质和运动技能的教学任务。与普通高中的体育教学明显不同，而且大纲的体育教学与各专业的体育教学两者相互促进，互为补充，即专业身体素质的提高与技术的掌握有利于体育教学大纲的理解。对大纲教材的理解与掌握又对专业技术的巩固和提高起促进作用。因此，体育教学必须实行双轨走路，这样才能适应中等教育的快速发展和社会需要。

2. 要有针对性的体育教学内容

针对性的体育教学内容是按照不同的专业确定和选择不同的体育教学内容。首先，是针对专业特点将体育大纲的内容适当地修减，增加符合专业特点的体育教学内容。

其次，使大纲教材趋向专业化。

3. 必须安排合理的运动量

合理的运动量是指运动量与课的时间合理分配等。

首先是在运动量的安排上，应特别注意教学实习、生产实习、活动量与运动负荷的关系，使运动强度能适应学习和实习工作的需要。

其次是一课时体育课时间的分配，即教学大纲内容与专业所需身体素质的学习、锻炼各占一定比重。这样就能完成中等体育教学的双重任务，更体现出中等职业学校体育教学的特点。

4. 传授科学的锻炼身体知识

科学地传授体育知识是指向学生传授正确、有效的科学体育基础知识及锻炼身体的方法和手段。由于中等职业学校具有双重的教学任务与合理的运动量决定了传授体育知识应少而精，使学生所学的体育知识适合社会和专业发展的需要，同时培养学生自我锻炼的自觉性和终身锻炼的习惯，教会学生先进的、科学的、可行的身体锻炼方法。

（二）体育教学对校企合作的发展所起的作用

1. 使校企合作的形式更灵活多样

坚持校企互动，工学结合的原则，以校企“双赢”为目标，使校企之间的合作方式灵活多样。如：建立教育集团合作模式；建立校企股份合作模式。企业应充分依托中等职业学校进行新职工的培养和在职职工的培训提高。学校也要关注企业需求变化，调整专业方向，确定培养规模和方式方法，开发、设计实践性教育与培养方案。校企间应创新更广泛的合作领域，从而改变企业暂时性、松散性合作关系转为稳定和紧密的合作关系。

2. 使企业的发展更完善，资源更优化

学校根据企业的情况合理地安排体育教学，这样能更好地为企业服务，使企业在用人方面越来越注重职工的身体素质。不同身体素质的职工适合不同的岗位，做到量体裁衣，避免了重复的培训投资，优化了人力资源。

因此，校企合作模式及运作机制的研究对于体育人才培养具有重要意义，不仅可以为学校提供更多资源支持和合作机会，同时也可以为学生提供更多实践机会和就业保障，成为推动体育事业发展的重要推动力量。

五、校企合作下的体育人才培养理念创新

校企合作下的体育人才培养理念创新，是当前体育教育领域中备受关注的重要议题。本章将从人才培养目标的调整与定位、课程体系与教学内容的创新以及教学方法与手段的改进与创新三个方面展开论述，旨在探讨校企合作模式下对体育人才培养理念的创新和提升。通过深入研究和分析，将为体育人才培养校企合作提供实践参考和政策支持。

（一）人才培养目标的调整与定位

在校企合作的背景下，体育人才培养的目标需要进行调整与定位，以适应行业发展和社会需求的变化。首先，我们需要重新审视当前人才培养目标的适应性，对学生的专业素养、实践能力和创新意识等方面进行重新定位。其次，针对体育产业的发展趋势和用人需求，重新调整人才培养目标，使其更贴合市场需求和行业发展。同时，结合校企合作模式，明确学校和企业对于学生培养的共同目标，将学生的发展与企业用人需求相结合，实现人才培养目标的精准定位。

在调整人才培养目标时，需要充分考虑体育行业的多元化发展趋势，以及行业内不同岗位的需求特点。通过与行业企业深度合作，可以更准确地把握行业发展动态和用人需求，从而调整和定位学生的培养目标。同时，结合国家相关政策和行业标准，对人才培养目标进行精准定位，确保学生毕业后能够顺利就业并快速适应工作岗位的需求。

此外，校企合作模式下，学校和企业应共同参与人才培养目标的制定和调整，形成共识和合力。学校需要充分倾听企业的用人需求和行业发展趋势，将这些需求融入人才培养目标的调整中，以保证学生毕业后的就业竞争力。而企业也应积极参与学生培养目标的定位，提供行业实践经验和岗位需求信息，帮助学校更好地调整和定位人才培养目标。

校企合作下的体育人才培养目标的调整与定位，需要充分考虑行业发展趋势和用人需求特点，结合国家政策和行业标准，共同制定和调整学生的人才培养目标，以实现学校与企业的良性互动和共赢发展。

（二）课程体系与教学内容的创新

在校企合作的背景下，体育人才培养的课程体系和教学内容也需要进行创新，以适应行业发展和市场需求。

1.课程体系创新

针对校企合作模式下的体育人才培养，课程体系的创新需要紧密结合行业实际需求和企业资源，以确保学生接受的教育内容与职业要求相匹配。首先，需要建立起与企业合作的课程设计机制，引入企业专业人才参与课程设计，确保课程内容与实际工作紧密结合。其次，可以通过与企业合作开发新课程，涵盖行业新技术、新趋势，使学生在校期间就能接触到最新的行业知识和技能。最后，建立校企合作的实习实践环节，让学生能够在企业中进行实地实习，将理论知识与实际工作结合起来，提升学生的实践能力和职业素养。

2. 教学内容的创新

在校企合作的模式下，教学内容的创新需要突出职业导向和实践性。首先，可以通过引入企业案例分析、行业前沿技术讲解等教学内容，使学生了解真实的行业情况和企业运作模式。其次，可以结合企业需求，开设相关的实践技能课程，如体育装备维护、赛事组织规划等，帮助学生培养实际操作能力。再次，还可以加强体育产业管理、市场营销等方面的教学内容，使学生具备更全面的职业素养和竞争力。最后，教师团队也需要与企业专业人才保持密切联系，不断更新教学内容，确保与行业发展同步。

校企合作模式下的课程体系和教学内容的创新，是体育人才培养的重要保障。学校通过与企业的紧密合作，不断优化课程体系和教学内容，可以更好地满足行业需求，提升学生的实践能力和就业竞争力。

（三）教学方法与手段的改进与创新

在校企合作的背景下，体育人才培养需要不断改进和创新教学方法与手段，以适应行业需求和学生发展。教学方法与手段的改进与创新，包括课程设置、教学模式、实践训练等方面。

1. 课程设置的优化

在校企合作模式下，体育人才培养需要根据行业需求和企业反馈不断优化课程设置。首先，可以引入专业技能课程，结合企业实际工作需求，加强学生的专业技能培养。其次，针对行业新趋势和发展方向，及时更新课程内容，确保学生所学知识与市场需求保持一致。此外，跨学科课程设置也是一种创新，可以帮助学生拓宽视野，提升综合能力。

2. 教学模式的多样化

传统的教学模式可能无法满足校企合作下的需求，因此需要多样化教学模式的创新。例如，可以引入项目驱动的教学模式，让学生参与实际项目，锻炼实战能力。另外，合作式学习也是一种有效的教学模式，可以促进学生与企业的深度互动，培养团队合作精神和实际操作能力。同时，线上线下相结合的混合式教学模式也值得尝试，以适应不同学生的学习习惯和需求。

3. 实践训练的强化

在校企合作下，实践训练是培养学生职业素养和实际操作能力的重要手段。为此，可以加强实训基地建设，引入先进的设备和技术，提升学生的实践操作水平。同时，与企业合作开展实习实训项目，让学生深度融入企业实际工作中，积累实战经验。此外，还可以开展跨学科实践训练，培养学生的综合能力和创新思维。不断改进和创新教学方法与手段，包括课程设置的优化、教学模式的多样化和实践训练的强化。这些举措将有助于提升学生的综合素质和就业竞争力，推动体育人才培养迈向更高水平。

（四）校企合作的意义与价值

校企合作是指学校与企业之间建立合作关系，共同开展教育教学和科研活动的一种合作模式。在体育人才培养体系中，校企合作具有重要的意义和价值。首先，校企合作可以为学生提供实践性的教育环境和机会。通过与企业合作，学生可以接触到真实的工作场景，了解行业的发展动态和需求，提高自己的实践能力和技能水平。其次，校企合作可以促进知识与实践的有机结合。通过与企业的合作，学校可以将理论知识与实际问题相结合，帮助学生更好地理解和应用所学知识。同时，学校也可以借助企业的资源和专业知识，提供更加有针对性和实用性的教育培训。再次，校企合作还可以促进学校和企业之间的相互交流与合作，推动学校的教育教学改革和创新，帮助学校更好地适应社会的发展需求。最后，校企合作还可以为学生提供就业机会和发展平台。通过与企业的合作，学生可以积累实际工作经验，提高就业竞争力，为自己的职业发展打下坚实的基础。

（五）校企合作模式的选择与设计

校企合作是一种有效的体育人才培养模式，可以促进学校和企业之间的资源共享，提高体育人才培养的质量和效果。在选择和设计校企合作模式时，需要考虑多个因素，包括合作形式、合作内容、合作方式和合作机制等。

合作形式是选择校企合作模式的基础。校企合作可以采取多种形式，如双向选择、双向培养、联合培养和共建共享等。双向选择是指学校和企业根据各自的需求，在人才培养过程中相互选择合适的学生或员工；双向培养是指学校和企业共同参与培养计划，学生在学校和企业之间进行实践学习；联合培养是指学校和企业共同参与制定培养方案，学生在学校和企业之间进行学习和实践；共建共享是指学校和企业共同投资建设培养基地，共享教育资源和设施设备。

合作内容是校企合作模式的核心。合作内容应该充分考虑体育人才培养的特点和需求，包括理论学习、实践训练、专业技能培养和职业素养提升等。学校可以提供学科知识和理论教育，企业可以提供实践机会和专业技能培训。通过学校和企业的共同努力，可以使体育人才在理论和实践方面都得到全面的培养。

合作方式是校企合作模式的重要组成部分。合作方式可以采取线下合作和线上合作相结合的方式。线下合作可以通过学校和企业建立实习基地或实训中心，学生在实践中学习和培训；线上合作可以通过网络平台和远程教育技术实现，学生可以在学校和企业之间进行远程学习和实践。通过线下合作和线上合作相结合，可以充分发挥学校和企业的优势，提高体育人才培养的效果。

合作机制是校企合作模式的保障。合作机制包括合作协议的签订、合作管理的机构和人员、合作评价的标准和方法等。在校企合作模式的选择和设计中，需要明确合作双方的权责，建立合作管理机构和人员，制定合作评价标准和方法。通过健全合作机制，可以确保校企合作的顺利进行，提高体育人才培养的效果。

（六）校企合作的运行机制与管理策略

校企合作是体育人才培养体系的重要组成部分，其运行机制和管理策略对于体育人才培养的有效性和可持续发展具有重要影响。本节将重点探讨校企合作的运行机制和管理策略，以期为体育人才培养体系的具体构建提供理论依据和实践指导。

校企合作的运行机制可以分为三个层次：战略层面、组织层面和操作层面。在战略层面，校企合作需要明确双方的合作目标和愿景，建立长期稳定的合作关系。双方可以通过签订合作协议或共同发展规划等方式确立合作框架，明确各自的职责和权利。在组织层面，校企合作需要建立相应的组织机构和管理体系，以便协调和管理合作活动。双方可以设立联席会议、工作组或共同实验室等机构，负责协调和推进合作项目的实施。在操作层面，校企合作需要制订具体的合作计划和实施方案，明确项目的目标、内容和进度。双方可以共同确定合作项目的具体任务和工作流程，明确各自的责任和义务。此外，校企合作还需要建立相应的沟通和协调机制，以便及时解决合作过程中的问题和困难。

校企合作的管理策略包括人力资源管理、项目管理和风险管理。在人力资源管理方面，校企合作需要合理配置和管理人力资源，以确保合作项目的顺利进行。双方可以共同制定人员选拔、培训和评价机制，以提高合作人员的专业素质和工作效能。在项目管理方面，校企合作需要制定相应的项目管理计划和控制措施，以确保合作项目按时、按质的完成。双方可以共同确定项目的目标、任务和工作计划，建立相应的项目管理机构和流程，进行项目进度和成果的监控和评估。在风险管理方面，校企合作需要识别和评估合作过程中可能面临的风险，制定相应的风险防范和应对策略。双方可以建立风险管理机制和流程，及时发现和解决合作过程中的问题和风险。

校企合作的运行机制和管理策略对于体育人才培养体系的具体构建至关重要。通过明确合作目标和愿景，建立长期稳定的合作关系；通过建立组织机构和管理体系，协调和管理合作活动；通过制订合作计划和实施方案，明确项目的目标、内容和进度；通过建立沟通和协调机制，及时解决合作过程中的问题和困难；通过合理配置和管理人力资源，提高合作人员的专业素质和工作效能；通过制定项目管理计划和控制措施，确保合作项目按时、按质的完成；通过识别和评估合作过程中的风险，制定相应的风险防范和应对策略，可以有效推动体育人才培养体系的发展和优化，实现体育人才培养体系的可持续发展。

通过对校企合作模式的选择与设计、运行机制与管理策略的合理规划，我们可以更好地实现体育人才培养体系构建的目标，为培养更多高素质、适应性强的体育人才做出积极贡献。

六、体育人才培养校企合作的成果与效益

体育人才培养校企合作的成果与效益是本研究的核心内容之一。在这一章节中，我们将重点探讨学生实习实训成果与价值体现、校企合作带来的教学与教育效益以及社会经济效益的评估与分析。通过深入地研究和分析，我们将揭示校企合作在体育人才培养中所取得的显著成果和效益，为进一步推动校企合作提供理论和实践支持。

（一）学生实习实训成果与价值体现

学生实习实训是体育人才培养校企合作中的重要环节，其成果与价值的体现对于培养学生的实践能力和就业竞争力具有重要意义。本节将从学生实习实训的成果和实践能力提升、就业竞争力提升以及实习实训的价值体现三个方面进行详细阐述。

1. 学生实习实训的成果体现

学生实习实训是学生在校期间接触实际工作环境和实际工作任务的重要途径，通过实践活动，学生可以将所学的理论知识应用到实际工作中，并通过实际操作积累实践经验。学生实习实训的成果主要体现在以下几个方面：

（1）专业技能的提升：学生实习实训过程中，学生将所学的理论知识与实际操作相结合，通过实际操作来提升自己的专业技能。例如，在体育教学实习中，学生可以通过实际授课来提升自己的教学技能和沟通能力。

（2）创新能力的培养：学生实习实训过程中，学生面对实际问题，需要主动思考并提出解决方案。通过实践活动，学生的创新能力得到了锻炼和培养。例如，在体育俱乐部实习中，学生可以通过组织活动和制订训练计划来培养自己的创新能力。

（3）团队合作能力的提升：学生实习实训过程中，学生需要与他人合作完成实际任务。通过实践活动，学生的团队合作能力得到了提升。例如，在体育赛事组织实习中，学生需要与其他同学合作完成赛事的组织和管理工作，从而提升自己的团队合作能力。

2. 学生实习实训的价值体现

学生实习实训的价值体现主要包括实践能力的提升和就业竞争力的提升。

（1）实践能力的提升：学生实习实训是学生将所学的理论知识应用到实际工作中的重要途径，通过实践活动，学生可以锻炼和提升自己的实践能力。实践能力是学生在实际工作中应对问题、解决问题的能力，是学生实现自身价值的重要基础。通过实习实训的实践活动，学生能够更好地适应未来的工作环境，提高自己的实践能力。

（2）就业竞争力的提升：学生实习实训的经历和成果对于学生的就业竞争力具有重要意义。一方面，学生在实习实训中所积累的实践经验和专业技能可以成为学生在求职时的优势，提高自己的竞争力。另一方面，学生实习实训的成果可以作为学生能力的证明，帮助学生在求职过程中更好地展示自己。例如，在体育教学实习中，学生可以通过实际授课来展示自己的教学能力，提高自己在教育领域的就业竞争力。

3. 实习实训的潜在问题与解决方案

在学生实习实训过程中，可能会存在一些潜在的问题，如实习机会不足、实习环境差等。针对这些问题，可以采取以下解决方案：

（1）加强与企业的合作：加强学校与企业的合作，与企业建立长期稳定的合作关系，为学生提供更多的实习机会。同时，学校可以与企业共同制定实习计划和任务，确保学生在实习过程中能够获得更好的实习环境和实习资源。

（2）优化实习管理机制：学校可以建立健全的实习管理机制，明确学生的实习目标和要求，确保学生在实习过程中能够得到指导和监督。同时，学校可以建立实习成果评价体系，对学生的实习成果进行评估和反馈，帮助学生更好地改进和提高。

（3）加强实习指导与辅导：学校可以加强对学生的实习指导与辅导，帮助学生更好地理解和应用所学的知识，提高实习的效果和成果。学校可以通过组织实习前的培训和实习期间的指导讲座等方式，提供学生实习所需的支持和帮助。

（二）校企合作带来的教学与教育效益

校企合作作为体育人才培养的重要方式，不仅在学生实践能力培养方面带来显著成果，同时也对学校教学与教育产生了积极的效益。首先，校企合作为学生提供了更加丰富和实践性的学习资源，使得学生能够在实际工作环境中进行学习和实践，加深对知识的理解和应用。其次，校企合作为学校提供了更多的教学案例和实践基地，促进了教学内容与实际工作需求的紧密结合，提高了教学的针对性和实用性。再者，校企合作还为学校提供了更多的师资力量和教学资源，提升了教学质量和水平。此外，校企合作还为学校教育教学体系的不断创新提供了重要的支持和保障，为学校教育教学改革提供了新的思路和实践基础。综上所述，校企合作为体育人才培养带来了丰富的教学与教育效益，为学校教学质量和学生综合素质的提升提供了重要保障和支持。

（三）社会经济效益的评估与分析

在体育人才培养校企合作中，社会经济效益的评估与分析是至关重要的。首先，我们可以从就业率和收入水平两个方面来评估社会经济效益。校企合作模式能够提升学生的实践能力和就业竞争力，从而提高学生的就业率和就业质量。通过与企业合作，学校可以更好地了解市场需求，调整专业设置和课程内容，使学生毕业后更容易就业，实现了社会效益。同时，学生毕业后的收入水平也会受到校企合作的影响，合作企业可以提供更多的实习和就业机会，为学生就业创造更好的条件，提高了学生的就业收入水平，实现了经济效益。

校企合作还能够促进体育产业的发展，为社会经济做出积极贡献。学校与企业的合作能够带动体育产业的发展，推动体育相关产业链的延伸和完善，为当地经济发展带来新的增长点。通过校企合作，学校可以为企业提供优质的体育人才，满足市场需求，提高了企业的竞争力和盈利能力，实现了经济效益。同时，合作企业对学校的支持也能够促进学校的发展，为学校的教学和科研提供更多的资源和支持，为学校的长期发展奠定基础，实现了社会效益。

此外，校企合作还能够促进地方经济的发展，为当地社会带来更多的就业机会和经济收入。通过合作，学校和企业可以共同推动当地体育产业的发展，带动相关产业链的发展，为当地创造更多的就业机会和经济收入，推动了地方经济的发展，实现了社会经济效益。

体育人才培养校企合作所带来的社会经济效益是多方面的，从学生的就业和收入水平、体育产业的发展，对地方经济的发展都有着积极的作用，为推动社会经济的发展做出了重要贡献。

七、体育人才培养校企合作的政策建议

在体育人才培养校企合作的政策建议章节中，政府部门支持与政策引导是至关重要的一环。政府在制定相关政策时，应充分考虑体育产业的特殊性和未来发展趋势，加大对体育人才培养校企合作的支持力度，并通过政策引导，激励更多的学校和企业参与到校企合作中来。

（一）构建共赢长效机制

首先，可开设专门的理论课，既可以提升学生的专业技能，也提升其供给价值。其次， 企业应转变思维方式，考虑企业的长远发展，根据需求，结合体育发展和公司运营培养体育应用型人才。 企业不仅减少了用人成本，培养了潜在人力资源，还解决了企业本身人才储备的问题。同样，学校也进行了体育事业研发，提升科研水平。所以企业应该积极寻求和学校合作，参与教学目标和教学管理，和学校共同制订体育专业人才培养计划，为学生提供实习及轮岗的机会，为学校提供培养人才的机会。最后，学校和企业应该明确双方供需情况，积极合作，实现双赢的可持续合作机制。

（二）政府部门支持与政策引导

目前，我国已形成了一些相关政策以推动校企合作社会体育人才培养，政府部门在体育人才培养校企合作中扮演着至关重要的角色。但还缺乏有效的扶持政策、法律保障，在研发体育产品、联合举办体育赛事及专业技能培训、共同培养专业人才方面，企业还缺乏内在动力，合作过程中多以学校主动、企业被动的局面呈现。首先，政府应加大对体育人才培养校企合作的政策支持力度，通过颁布相关政策文件，明确校企合作的指导原则和政策措施，为校企合作提供政策保障和支持。其次，政府部门可以通过各类财政扶持措施，对参与校企合作的学校和企业给予资金支持，鼓励他们投入合作项目中。再次，政府还可以设立专项奖励基金，对取得校企合作成果的学校和企业进行奖励，激励他们持续深化合作。从次，政府可以加强对体育人才培养校企合作的监督和评估，建立健全的考核机制，及时发现问题并加以解决，确保合作项目的顺利推进和高效运作。最后，政府还可以通过政策引导，鼓励学校和企业在校企合作

中注重人才培养质量，强调实践教学和产学研合作，推动校企合作向深度融合和高质量发展的方向迈进。

（三）加强产学研合作

学校与企业可以加强产学研合作，建立长期稳定的合作关系。学校可以与企业合作开展体育人才培养相关的科研项目，共同探讨体育产业发展趋势和人才需求，促进产学研深度融合，实现优势互补。

（四）创新人才培养模式

建议学校与企业共同探索创新的人才培养模式，充分结合企业实际需求，设立实习基地和实践项目，让学生在实际工作环境中学习和实践，提高专业技能和实践能力，培养适应市场需求的高素质体育人才。

（五）建立联合培养机制

学校与企业可以建立联合培养机制，共同制订人才培养计划和课程设置，实现教学与实践的有机结合。企业可以派遣优秀员工担任兼职教师，为学生提供真实的职业指导和培训，促进学校与企业的深度融合。

（六）推动政策支持

政府应加大对学校与企业合作的政策支持力度，为校企合作提供更多的税收优惠和财政扶持。同时，鼓励企业加大对学校的捐赠和资助力度，共同推动体育人才培养校企合作的持续发展。

（七）加强信息共享和交流

学校与企业应加强信息共享和交流，建立定期沟通机制，及时了解市场需求和行业动态，为人才培养提供及时的指导和支持。同时，通过举办行业研讨会和交流活动，促进学校与企业间的深度合作与交流。

（八）完善体育教学体制

设立相应的教育教学指导部门，给予政策上的支持，同时在资金上给予充分保障。学校在与企业合作前，应充分调研社会体育专业人才培养状况，确定人才培养的培训规模，开发、设计、实施相对应的培养方案。在校企合作培养人才过程中，体育院校应加快教育教学体制改革进度，完善学分制度，建立更加灵活、实用的长效机制。鼓励体育院校根据专业特点开展校企合作，找到适合社会体育专业发展的校企合作人才培养道路。以“行业为导向，人才为中心”的原则，与相关企业共同制定人才培养方案，结合实际设立课程体系，让企业参与到教材的开发和课堂的教学过程当中。根据企业需求设计教学与实践活动，达到教学内容适应行业需求，实现体育院校与行业企业的接轨，真正做好校企合作培养人才，并建立校企合作人才培养的长效机制。整体而言，社会体育专业人才培养模式与社会需求不相适应的问题还比较突出，学校和企业的出发点不同，需要求同存异，建立可持续发展的合作机制。

因此，需要政府发挥引导作用，促进校企合作共同培养人才，促进学校、企业、学生等方面共赢的局面，加大高校社会体育专业教育改革创新力度，提升社会体育教学体制改革进程。

八、体育人才培养校企合作发展趋势展望

随着社会经济的快速发展，体育人才培养校企合作迎来了新的发展机遇。未来校企合作的发展趋势与机遇将更加突出多元化与专业化的特点。随着体育产业的不断壮大，校企合作将更加关注学生的职业发展和创新能力培养，为学生提供更广阔的职业发展空间。同时，随着新型科技的不断渗透，校企合作也将更加注重科技创新与人才培养的深度融合，为学生提供更丰富的实践机会和学术支持。未来的校企合作将面临更加复杂多变的市场环境，需要学校和企业共同努力，共同应对各种挑战，实现合作共赢。

（一）未来校企合作的发展趋势与机遇

未来校企合作的发展趋势与机遇是一个备受关注的话题。随着社会经济的快速发展和教育体制的不断变革，体育人才培养校企合作将面临新的挑战和机遇。首先，未来校企合作将更加强调专业化和个性化的发展方向。随着体育产业的不断壮大，对于专业化人才的需求也将不断增加。因此，学校和企业需要

更加密切地合作，共同打造专业化、个性化的人才培养模式，以满足市场需求。

1. 未来校企合作将更加注重国际化和跨界合作。随着全球化的深入发展，国际体育产业的交流与合作也日益频繁。因此，体育人才培养校企合作需要积极拓展国际合作渠道，引进国际先进的教育理念和培养模式，为学生提供更广阔的发展空间和更丰富的学习资源。

2. 未来校企合作也将面临数字化和智能化的发展趋势。随着信息技术的飞速发展，人工智能、大数据等新兴技术已经深度融入各行各业。在体育人才培养领域，数字化和智能化也将成为未来的发展方向。因此，学校和企业需要共同探索数字化和智能化技术在体育人才培养中的应用，培养适应时代发展需求的高素质专业人才。

3. 未来校企合作也将面临政策支持和人才培养模式的创新。政府将进一步加大对校企合作的政策支持力度，鼓励学校和企业加强合作，推动人才培养模式的创新与发展。同时，学校和企业也需要不断创新合作模式，探索更加有效的人才培养途径，以适应社会发展的需求。

未来校企合作的发展趋势与机遇充满希望和挑战。只有不断创新、积极应对，才能更好地促进体育人才培养校企合作的持续健康发展。

（二）体育人才培养领域的发展前景

体育人才培养领域的发展前景十分广阔。随着社会经济的不断发展，体育产业的兴起以及人们对健康生活的追求，对体育人才的需求呈现出不断增长的趋势。作为培养体育人才的重要基地，将承担起更大的责任和使命。

1. 校企合作将成为重要的发展趋势。通过与体育产业企业的合作，可以更好地了解体育产业的需求和发展动态，针对性地培养符合市场需求的人才。校企合作将促进学校与企业资源的共享和互补，提升体育人才培养的质量和效益。同时，校企合作还可以为学生提供更多的实习和就业机会，增强学生的实践能力和就业竞争力。

2. 注重实践能力的培养。传统的体育人才培养模式注重理论知识的传授，而忽视了学生的实践能力培养。然而，实践能力是体育人才必备的重要素质。因此，应该通过校企合作等方式，加强实践教学，注重培养学生的实际操作能力和解决问题的能力。只有在实践中不断积累经验和改进，学生才能真正成为优秀的体育人才。

3. 推动体育人才培养理念的不断创新。随着时代的变迁，体育人才培养理念也需要与时俱进。应该关注体育产业的发展趋势，挖掘新的培养模式和方法，并将其应用到实际教学中。培养学生具备创新精神和实践能力，能够适应体育产业的变化和发展，成为体育产业的中坚力量。

4. 政策支持的加强。政府对体育产业的支持和重视将进一步推动体育人才培养的发展。政府可以出台相关政策，为体育人才培养提供更多的资源和支持，鼓励学校与企业开展校企合作，推动体育人才培养的深入发展。同时，政府还可以加大对体育人才培养的资金投入和政策扶持，为学校提供更好的发展环境和条件。

（三）校企合作模式的创新与发展

校企合作模式是体育人才培养的重要途径之一，其创新与发展对于提高学校体育专业人才培养的质量和效果具有重要意义。本节旨在探讨校企合作模式的创新与发展，以期为体育人才培养提供更有效的路径和方法。

1. 校企合作模式的创新

校企合作模式的创新是指在现有的合作基础上，通过引入新的理念、机制和模式，提升合作的效果和效益。可以创新合作模式，将传统的合作形式转变为更加灵活多样的形式。例如，可以通过建立联合实训基地、共享实验室等方式，实现资源的共享和优势互补，提高学生的实践能力和专业素养。

可以创新合作机制，建立起一套科学合理的合作运作机制。例如，可以制定详细的合作协议和合作计划，明确双方的权责和目标任务，加强合作的管理和监督。同时，还可以建立起有效的信息沟通渠道，确保信息的及时传递和共享，提高合作的效率和效果。

另外，还可以创新合作理念，引入先进的管理理念和教育理念，推动校企合作向着更加科学和高效的方向发展。例如，可以借鉴国际先进的校企合作经验，引进先进的教育理念，增强学生的创新意识并提高其实践能力。

2. 校企合作模式的发展

校企合作模式的发展是指在创新的基础上，不断完善和提升合作模式，实现合作的良性循环和可持续发展。首先，应该加强合作的深度和广度。在深度上，可以进一步加强双方的合作内容和合作项目，提高合作的专业性和针对性。在广度上，可以拓展合作的范围和领域，实现多层次、多领域的合作，促进校企资源的共享和交流。

提高合作的质量和效益。一方面，可以加强合作的管理和评估，建立起科学合理的合作评估机制，及时发现和解决合作中存在的问题和困难。另一方面，可以加强合作的成果转化和效益评估，推动合作的成果向实际应用和经济效益转化，提高合作的实际效果和社会效益。

加强合作的推广和复制。通过案例研究和成功经验的总结，可以为其他学校和企业提供实践参考和借鉴。同时，应该加强政策支持和政府引导，为校企合作提供良好的政策环境和政策支持，推动合作模式的复制和推广。

校企合作模式的创新与发展是提高体育人才培养质量和效果的关键。通过创新合作模式、创新合作机制和创新合作理念，可以提高合作的效果和效益；通过加强合作的深度和广度、提高合作的质量和效益、加强合作的推广和复制，可以实现合作模式的良性循环和可持续发展。在政府的政策扶持下，校企合作模式将继续发展壮大，为中国体育产业和人才培养贡献更多力量。

因此，体育人才培养校企合作的发展前景十分广阔，而校企合作模式的创新与发展也将为体育人才培养注入新的活力。

第八章

体育人才培养案例

一、体育人才培养的实践案例

本章将通过四个实践案例，具体阐述体育人才培养的模式探索、教学改革经验分享和选项改进实践。这些案例将展示该学校在体育人才培养方面的具体做法和取得的成效，为读者提供有益的借鉴和参考。

（一）案例一：广州市番禺区职业技术学校体育人才培养模式探索

1. 学校背景介绍

广州市番禺区职业技术学校是一所区属公办综合型中职学校，是国家重点和广东省首批示范性中等，国家中职改革发展示范校建设项目学校，学校开设园林、电子、休闲体育服务与管理等16个专业，其中3个专业为广东省重点建设专业，校园环境优美，教学设施完善。学校专注于培养体育人才，拥有一支高素质的教师团队和丰富的教学资源。学校设有体育休闲服务与管理专业，招收学生广泛，并且与当地体育产业有着紧密的合作关系。同时，它也是广州第一所申办休闲体育专业的职业学校，有着多年丰富的体育专业办学与人才培养经验。学校提出“面向市场，为学生发展和社会需要而设计”的办学理念，努力践行工学结合的人才培养模式，根据市场的需求和学生个性发展的需要设置模块化的课程，以能力为本位、行动为导向、学生为主体，以探究和实践为主要课程形式，不断为区域经济建设和社会发展输送高素质技能型人才。

2. 课程设置与教学模式

该学校体育人才培养采用多元化的课程设置和教学模式。在专业课程方面，学校注重理论与实践相结合，同时注重学生的专业技能培养和综合素质的提高。此外，学校还开设了体育产业相关的课程，通过与当地体育企业合作，为学生提供实习和实践机会，使他们能够更好地融入体育产业。学校坚持“以人为本”的教育理念，鲜明地提出“为学生发展而设计”，根据每个学生的特点有针对性地安排教育教学。第一，该校密切关注就业市场的最新需求情况，以就业为导向合理规划专业设置，以职业能力的形成为核心加强技能实训，使毕业生做到“就业有专长”。该校组织学生参加各种技能培训，推行“双证书”制度，使学生毕业时既取得中专文凭，又取得各种职业资格或上岗证书。第二，精心组织师资力量，开办面向高等职业院校入学考试的辅导班，学生参加高职高考上线率均在 98% 以上。第三，学校与华南农业大学联合举办大专、本科自考助学班，帮助学有余力的同学在完成中专学业的同时取得大专文凭。第四，为拓展学生素质，学校成立有学生广播台、记者站、艺术团、足球队、篮球队和各种学生兴趣活动小组及学生社团，校园文化生活丰富多彩。

3. 师资队伍建设

学校重视师资队伍建设，拥有一支高水平的教师团队。教师们不仅具备扎实的专业知识和丰富的教学经验，还积极参与学科研究和教学改革。学校还邀请了一些体育产业的专业人士作为兼职教师，为学生提供更丰富的教学资源和实践指导。学校师资力量雄厚，专任教师 270 多人，推进了“双百”工程，培养“双师型”教师队伍，超过 80% 的专业课教师为“双师型”教师。集团还致力于师资的共享，营造“双师型”教师成长环境，启动了师资队伍建设的“双百工程”，即：百名教师下“企业”，百名能工巧匠进“课堂”。建立了 40 人的企业师资库，使企业工程师、技师与学校教师合作教研、合作生产、合作科研，打造“教师、技师、工程师”三师联动，“教育教学能力、生产实践能力、技术服务能力”三能合一的专业教学团队。

4. 实践教学与校企合作

学校将实践教学与校企合作紧密结合，与广州体育职业技术学院进行三二分段合作，拓宽学生升学渠道。通过与当地体育产业合作，为学生提供丰富的实践机会。学生们可以在实习中学到更多的专业知识和技能，同时也为当地体育产业输送了大量的人才。学校还积极组织学生参加各类体育比赛和赛事，提高他们的专业素养和实战能力。校企协同合作育人成效显著。校企共建示范实训基地，集团本着“校内实训基地生产化，校外实训基地教学化”的建设原则，共建了“中粮美特包装机电技术”“岭南电商园电子商务技术”等四个区级示范实训基地，校企共建88个校外实训基地。实现了“实训环境现场化、实训过程标准化”，实现了教师与学生“一企业双顶岗”学生“双身份”、企业“双效益”、学校“双丰收”。由校企双方共同制订人才培养方案，共同开发企业课程。学校与广东思埠集团合作成立了全国首家中职学校微商学院，组成了一个个创业团队，经过一个多月的“做中学，学中做”，创业团队取得了不俗的效益。学校体育教研组以规范课堂教学为基础，推动三教改革和校园体育活动，构建了学、练、赛三位一体教学模式。学——安全锻炼，技能学习：注重学习运动安全常识、常见运动损伤防治知识等，注重学习基本的体育运动技能。练——正确练习，有效练习：通过课堂指导和一对一纠错，促进学生形成正确的练习方法，课后要求学生每天运动一小时。赛——教学比赛，校内外竞赛：课堂安排教学比赛，学生积极参与各项校内外赛事活动。做到课内外、校内外联动。学校开设了禅武中国功夫特色课程、醒狮队、足球队、羽毛球、篮球队、田径队、健身社团等，促进学生体育运动一专多能，深入研究一项体育技能，培养一项可持续的运动爱好，促进了体育运动研、思、传，取得丰硕育人成果。

5. 效果评估与未来展望

近年，该校校运动队战绩辉煌，获得广州市中职学生篮球赛男子第一名、女子第二名，广州市中小学生校园足球联赛中职组女子第一名、男子第二名，“市长杯”羽毛球赛番禺赛区第一名，广州市中职学生田径比赛团体第一名等骄人成绩。学校对体育人才培养的效果进行了全面评估，不断改进和完善培养模式。在未来，学校将进一步加强与体育产业的合作，完善课程设置，提升教师队伍水平，进一步提高学生的就业率和就业质量，为体育人才培养探索出了一条行之有效的道路。

（二）案例二：广州市白云行知职业技术学校体育教学改革经验分享

广州市白云行知职业技术学校体育教学改革经验分享是本文的重要内容之一。该案例旨在探讨其在体育教学领域所取得的具体成效和经验教训，为体育人才培养提供有益借鉴。该案例主要包括以下几个方面的内容：

1. 背景介绍

广州市白云行知职业技术学校是由原白云行知职业技术学校、白云区职业技术学校、白云区技工学校三所公办学校整合而成，有同和与天平架两个校区。学校创办于1979年，是以人民教育家陶行知先生的名字命名，拥有良好校风，可寄宿的公办省级重点综合性中等职业学校。学校坚持“学行知思想、办特色职教、育生利人才、造现代蓝领”的办学理念，逐步形成了以陶为师、校企结合的办学特色，严格要求学生完成好“学做人、学本领、拿双证”的三大任务。学校努力实现使学生成为优秀从业者、成熟的管理者、合格的创业者各层次的培养目标。学生来源白云区各乡村初中，学生综合素质较弱，体育特长生人数占一定比例。

2. 教学改革目标

在体育教学改革之初，学校针对自身的特点和发展需求，制定了具体的教学改革目标规划和人才培养方案。这些目标通常包括提高学生体育素养、优化课程设置、改善教学设施等方面。

3. 人才培养方案（附）

附：休闲体育服务于管理专业人才培养方案

一、指导思想

以科学发展观为指导，全面贯彻党的教育方针，落实教育规划纲要，全面实施素质教育，提高学生的综合素质和职业能力。坚持以提高质量为核心的教育发展观，全面提升职业教育专业设置、课程开发的专业化水平，使中等职业教育更好地适应经济社会发展对高素质劳动者和技术技能人才培养的要求。

1. 坚持以立德树人为根本，把社会主义核心价值体系融入教育教学全过程，引导学生弘扬民族精神、时代精神，加强以爱岗敬业、诚实守信为重点的职业道德教育。

2. 坚持以促进就业为导向，面向社会、面向市场，围绕经济社会发展和职业岗位能力的要求，确定专业培养目标、课程设置和教学内容。

3. 坚持以工作过程系统化为引导，突出职业能力为主线，以职业活动课程为主体，科学系统设计专业教学方案，将人文素养和职业能力的培养贯穿于人才培养全过程，形成学生就业与发展潜力培养融为一体、学习过程与工作过程融为一体、职业素质养成与职业技能培养融为一体的人才培养理念。

4. 坚持产教融合、协同育人，创新人才培养模式，突出职业教育特色，高度重视学生实践和实训教学，强化学生的实践能力和职业技能培养，促进休闲优育服务与管理专业设置与职业岗位、课程内容与职业标准、教学过程与生产过程的深度对接。

5. 坚持统一性与灵活性相结合，在严格执行国家有关规定的基础上，统一标准与规范要求。学校根据行业特点、区域经济和社会发展需求，在课程设置、教学安排、教学模式有一定的灵活性。

二、专业名称

休闲体育服务与管理（代码：150200）

三、学习年限

全日制三年

四、招生对象

招收初中毕业生或具有同等学力者

五、培养目标

中等培养与我国社会主义现代化建设要求相适应，德、智、体、美、劳全面发展，具有综合职业能力，在管理、服务一线工作的高素质劳动者和技术技能人才。适应新世纪社会发展的需要；培养具有基本的科学文化素养，良好的职业道德，较强的就业能力和一定创业能力，从事具有休闲体育管理专业理论知识，运动场馆设施管理与维护、运动休闲服务经营与管理、体育旅游、休闲体育产品策划与设计，具备国家认定的职业资格等级证书的中等技术人才。

六、职业范围

主要面向体育场馆，健身俱乐部，体育协会，酒店康乐及其他与大众健身有关的休闲运动机构，从事体育经营与管理工作。

序号	专业（技能）方向	对应职业（工种）	职业资格证
1	运动场馆管理与服务	场地工、体育场馆物业管理员、赛事专员、前台接待员、服务人员、健身指导	社会体育指导员证、健身教练员证、运动项目裁判员等级证
2	休闲体育产品营销	票务管理员、运动器械或运动产品营销专员、市场开发专员、客户专员	休闲体育管理师证、体育经纪人证

七、人才规格

本专业毕业生应具有以下职业素养、专业知识和技能。

（一）职业素养

1. 热爱社会主义祖国，将实现自身价值与服务祖国人民相结合，树立社会主义民主观念和遵纪守法意识，遵守职业岗位规范；树立劳动观点，养成良好的劳动习惯，增强实践能力；树立尊重自然、顺应自然、保护自然的生态文明理念；树立正确的职业理想，形成正确的就业观、创业观，做好适应社会、融入社会、就业创业准备。

2. 具有社会公德、职业道德意识和文明行为习惯，自觉践行社会主义核心价值观。

3. 具有健全的人格、良好的心理品质和健康的身体，培养诚实守信、爱岗敬业、团结互助、勤俭节约、艰苦奋斗的优良品质，提高应对挫折、合作与竞争、适应社会的能力。

4. 具有基本的欣赏美和创造美的能力。

5 具有较强工作能力和就业能力的中高级休闲体育服务人才。

（二）专业知识和技能

具有休闲体育相关学科的基本理论、基本知识；具有一定的运动知识与技能；具备指导休闲体育、大众健身、体育旅游、体育赛事相关的运动技术和技能；掌握计算机、网络技术的基本方法，具有较强的外语能力和良好的沟通能力。

1. 运动场馆管理与服务专业方向

（1）具有相关的运动休闲场馆管理所需的基本知识与技；

（2）具有场地布置与维护、器材布置与维护、设备操作与维护的能力；

（3）具有策划、组织与管理体育赛事的基本能力；

（4）具有场馆经营和管理能力；具有场馆电气维护的基本能力；

（5）具有三大球（三选二）、羽毛球、乒乓球体育专项能力；

（6）具备健身教练所需的基本知识与技能，有良好的健身教练员所需的运动能力和教学指导能力；

（7）具有服务的知识与技能；

（8）具有指导休闲体育、大众健身、体育旅游相关的运动技术和技能；

（9）能较灵活地处理突发事件和良好的沟通能力。

2. 体育休闲产品营销专业方向

（1）具有体育运动器材、器械的营销知识与技能；

（2）运动产品、休闲体育服务策划营销的基本知识与技能；

（3）具有体育市场的调查、分析、预测的能力；

（4）具有体育用品、体育赛事、体育品牌的营销能力；

（5）具有对体育产业中各行业的经营管理进行初步分析的能力；

（6）具有场馆、会所、俱乐部各类活动项目的组织策划能力；

（7）具有熟练地处理客户关系的能力；

（8）具有公关事务的处理能力和商务谈判能力；

（9）具有良好的沟通人际交往能力、自动化办公能力。

八、继续学习专业

高职专科：体育服务与管理

应用本科：社会体育

九、课程结构

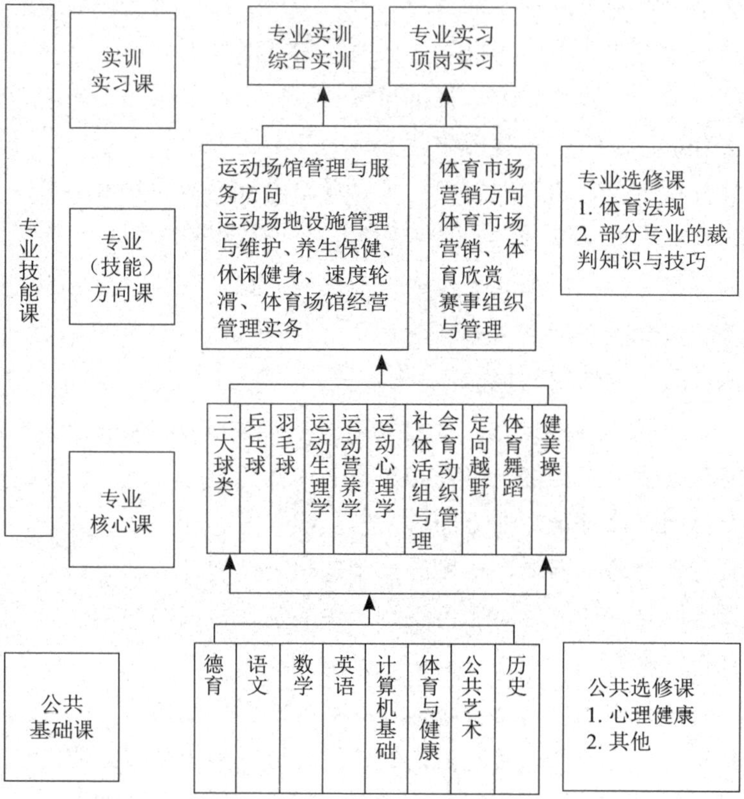

十、课程设置及要求

（1）本专业课程设置分为公共基础课和专业技能课。

（2）公共基础课包括德育课、文化课（语文、数学、英语）、计算机应用基础、体育与健康课、公共艺术课、历史课，以及自然科学和人文科学类公共选修课。

（3）专业技能课包括专业核心课、专业（技能）方向课和实训实习课，以及专业选修课。实训实习是专业技能课教学的重要内容，含校内外实训、顶岗实习等多种形式。

（一）公共基础课

序号	课程名称	主要教学内容和要求	基本学时
1	职业生涯规划	依据《中等职业生涯规划教学大纲》开设	34
	职业道德与法律	依据《中等职业道德与法律教学大纲》开设	36
	经济政治与社会	依据《中等经济政治与社会教学大纲》开设	36
	哲学与人生	依据《中等哲学与人生教学大纲》开设	36
2	语文	依据《中等语文教学大纲》开设	213
3	数学	依据《中等数学教学大纲》开设	122
4	英语	依据《中等英语教学大纲》开设	122
5	计算机应用基础	依据《中等计算机应用基础教学大纲》开设	104
6	体育与健康	依据《中等体育与健康教学大纲》开设	176
7	公共艺术	依据《中等公共艺术教学大纲》开设	36
8	历史	依据《中等历史教学大纲》开设	36

（二）专业技能课

1. 专业核心课

序号	课程名称	主要教学内容和要求	参考学时
1	三大球（篮球、足球、排球）	学习掌握三大球（篮球、足球、排球）基本知识和基本技、战术，全面提高身体素质，培养勇敢、拼搏的品质。并巩固三大球基本知识和技、战术水平，学习三大球的各种战术并能在实战中灵活运用。基本掌握三大球比赛裁判法，并会简单组织赛事。	104
2	羽毛球	羽毛球运动概述，羽毛球基本技术和练习方法，技术战术的方法与运用；身心素质训练，损伤的预防与现场临时急救；羽毛球赛事的组织与竞赛规则和裁判法。	72

续表

序号	课程名称	主要教学内容和要求	参考学时
3	乒乓球	乒乓球运动概述，乒乓球基本技术和练习方法，技术、战术的训练方法与运用；身心素质训练，损伤的预防与现场临时急救；乒乓球赛事的组织与竞赛规则和裁判法。	72
4	运动生理学	本课程是体育科学基础课程之一，是了解人体运动生理机制的主要学科。了解体育活动和运动训练下的身体结构和机能的变化，探究运动过程中机能变化的规律，探讨运动人体中的能力发展与完善的生理机理。为制订科学的训练计划和方法提供指导。	122
5	运动营养学	本课程主要是了解人体的营养结构及营养学在运动领域的应用，掌握运动过程中利用营养因素提高运动能力促进身体的恢复和预防疾病的能力，了解运动休闲过程中的营养需求、营养因素与机体功能、运动能力及身体适应和运动性疾病的关系，从而提高身体机能。指导体育休息服务领域更具专业化。	36
6	运动心理学	通过本课的学习，掌握心理学的基本知识，了解运动休闲人群的需要，动机以及与运动有关的能力、性格和气质的特点，了解体育休闲服务领域中服务对象的心理需求和加强沟通技巧，提高服务质量。	36
7	社会体育活动组织与管理	通过本课的学习，了解开展社会体育活动对社会发展的意义，初步掌握各类社会体育活动的内容、特点和组织实施的方法和技巧，能够协助策划组织小型、简单的社会性或社区的相关体育活动。	72
8	定向越野	作为一个比较新兴的休闲运动项目，学会利用已有的资源开发场地作为定向越野的角逐场地；了解定向的越野的技巧与规则，学会组织开展相关的竞赛。	36
9	体育舞蹈	体育舞蹈也称“国际标准交谊舞”，主要学习当下交流新拉丁舞和摩登舞两种，重点学习拉丁舞中的伦巴和恰恰舞，以及摩登舞中的华尔兹和探戈，以及介绍其他的舞种。要求掌握相关舞种的动作技巧和动作要求，学会交际交往能力。	72

续表

序号	课程名称	主要教学内容和要求	参考学时
10	健美操	学习掌握健身健美操的基本动作、基本技术，以及相关的理论知识。同时掌握相应的动作组合创编。并以有氧小组合和段套路为主要的教学手段。	72

2. 专业（技能）方向课

各专指委结合本专业实际，原则上在专业目录范围选定 1 ～ 3 个专门化方向

（1）运动场馆管理与服务方向

序号	课程名称	主要教学内容和要求	参考学时
1	运动场地设施管理与维护	了解各类休闲运动项目对场地的要求和该项目场地管理与维护；了解体育运动场地的管理工作方式方法，了解相关的法律和安全意识。能独立解决相关场馆的场地或器材的维护。	122
2	速度轮滑	掌握轮滑跑的基本姿势和基本技巧（包括直道跑和弯道跑的侧蹬的动作、收摆腿动作、下轮着地动作、惯性滑进动作、摆臂动作及全身协调配合等）、起跑技术和冲刺技术，以及比赛工作及竞赛规则的了解。	36
3	养生保健	掌握体育与科学健身方面的基本知识和基础理论，了解相关的体育保健的功能；掌握相关的保健技能，能相对独立地解决体育保健与科学健身过程中的实际问题。	72
4	休闲健身	主要包括形体训练和器械训练。主要适应健身俱乐部的需要而设置的课程，主要掌握形体训练的方法与技能和一些肌肉训练的器械的功能与使用的方法，指导健身需要。	72
5	体育场馆经营管理实务	1. 具备处理体育场馆的客户关系的能力；2. 具备体育场馆物业管理的能力；3. 具备体育场馆赛事及演出服务与保障的能力；4. 具备体育场馆无形资产招商策划的能力；5. 具备体育场馆会员服务与管理能力。	72

（2）休闲体育产品营销方向

序号	课程名称	主要教学内容和要求	参考学时
1	体育市场营销	了解我国体育市场的现状和分组前景、消费者的消费行为、体育市场的活动与策划，系统学习体育市场营销学的基础理论知识、体育营销环境分析、体育营销战略规划、体育营销组合策略，产品、价格、渠道和促销，以及特殊领域市场营销和营销新知。	90
2	体育欣赏	通过学习体育欣赏的概述、奥林匹克和竞技体育、休闲体育、极限运动、民族体育的特点，提高体育休闲专业学生的综合素质。	36
3	赛事组织与管理	培养赛事组织与管理整体规划的能力；分析环境对赛事制约的能力； 结合专项对赛事进行组织结构设计的能力；对赛事进行 SWOT 分析； 能够根据所讲内容并针对技能大赛进行方案撰写； 能够结合体育赞助合作伙伴选择的相关内容针对技能大赛进行赞助商选择；能够针对本次技能大赛进行体育赞助策划方案的撰写。	72

（三）实训实习课

1. 专业（综合）实训

本专业根据学生的就业需求，利用学校已有的资源，结合专业技能方向的特点而开展实训。如运动场馆管理方向可以学校的相应场馆和运动设施作为实训场地，可利用学校的健身室，或健身社团的形式开展实训课程；休闲体育产品营销方向可以采用本校的模拟公司培训、企业沙盘的形式开展。

2. 专业（毕业）实习

在确保学生实习总量的前提下，可根据实际需要，通过校企合作，实行工学交替或分阶段安排学生实习，与实习单位共同制定实习计划和制度，共同培养，共同管理。毕业实习（顶岗实习）是本专业最后的实践性教学环节，要认真落实教育部、财政部关于《中等学生实习管理办法》的有关要求，保证学生毕业实习的岗位与其所学专业面向的岗位（群）基本一致。通过企业顶岗实习，学生能更深入地了解企业相关岗位的工作任务与职责权限，能够用所学知识和技能解决实际工作问题，学会与人相处与合作，树立正确的劳动观念和就业观。

（四）选修课

各学校根据专业需要和学生兴趣、爱好，确定公共选修课和专业选修课及主要教学内容和要求。

十一、教学时间安排

（一）基本要求

每学年为 52 周，其中教学时间 40 周（含复习考试和实训），累计假期 12 周，周学时一般为 28 学时（按每天安排 6 节课计），校外实习一般按每周 30 小时（1 小时折 1 学时）安排。三年总学时为 3000 ～ 3300 学时。

实行学分制，原则上一般以 16 ～ 18 学时计 1 学分，入学教育（军训）、校外实习、毕业教育等活动，以 1 周为 1 学分，三年制毕业总学分不得少于 170 学分。

公共基础课程学时一般占总学时的三分之一，允许根据本专业人才培养的实际需要在规定的范围内适当调整，按实际情况调整课程开设顺序，但必须保证学生修完本方案确定的公共基础课程的必修内容和学时。

专业技能课程学时一般占总学时的三分之二，其中认知实习可安排在第一学年，毕业实习（顶岗实习）安排在最后一学期，原则上累计总学时约为半年。在确保学生实习总量的前提下，学校可根据实际需要，集中或分阶段安排实习时间。

课程设置中应设选修课，其教学时数占总学时的比例约为 10%。

（二）学时比例表

课程类别	必修课			限选课	任选课	
课程类型	公共基础课	专业技能课			选修课	
课程	公共基础课	专业核心课	实践课（实训实习课）	专业（技能）方向课	公共选修课	专业选修课
学时	951	694	808	572	36	138
比例（%）	29.7	21.7	25.2	17.9	1.1	4.3

注：本专业课程总学时 3000 ～ 3300。

（三）教学活动周数分配表

内容学期	校内课堂教学	入学教育及军训	校内集中实训项目				认知实习	毕业实习	毕业教育	考核	机动	寒暑假	合计
			技能综合实训			技能考证训练							
一	17	1					1			1	1	4	25
二	18									1	1	8	28
三	18									1	1	4	24
四	18									1	1	8	28
五	17		6			1				1	1	4	30
六	18							18	1		1	8	28

（四）教学安排表

课程类别		课程名称	学分	总学时	各学期教学周数与周学时分配					
					1	2	3	4	5	6
					17 周	18 周	18 周	18 周	17 周	18 周
必修课	公共基础课	职业生涯规划	2	34	2					
		职业道德与法律	2	36		2				
		经济政治与社会	2	36			2			
		哲学与人生	2	36				2		
		语文	12	213	3	3	3	3		
		数学	7	122	4	3				
		英语	7	122	4	3				

续表

课程类别		课程名称	学分	总学时	各学期教学周数与周学时分配					
					1	2	3	4	5	6
					17 周	18 周	18 周	18 周	17 周	18 周
必修课	公共基础课	计算机应用基础	6	104	4	2				
		体育与健康	10	176	2	2	2	2	2	
		公共艺术	2	36			2			
		历史	2	36				2		
		小计：（占 29.7%）	54	951	19	15	9	9	2	
	专业核心课	三大球（篮球、足球、排球）	6	104	3	3				
		羽毛球	2	72	4					
		乒乓球	2	72		4				
		运动生理学	7	122		4	3			
		运动营养学	2	36			2			
		运动心理学	2	36			2			
		社会体育活动组织与管理	4	72			4			
		定向越野	2	36	2					
		体育舞蹈	4	72				4		
		健美操	4	72			4			
		小计：（占 21.7 %）	35	694	9	11	15	8		

续表

课程类别		课程名称		学分	总学时	各学期教学周数与周学时分配					
						1	2	3	4	5	6
						17 周	18 周	18 周	18 周	17 周	18 周
限选课	专业（技能）方向课	运动场馆管理与服务方向	运动场地设施管理与维护	7	122				4	3	
			速度轮滑	2	36		2				
			养生保健	4	72				4		
			休闲健身	4	72					4	
			体育场馆经营管理实务	4	72					4	
		小计：（占 11.9%）		21	374		2		8	11	
		休闲体育产品营销方向：	体育市场营销	5	90				3	2	
			体育欣赏	2	36			2			
			赛事组织与管理	4	72					4	
		小计：（占 6.3%）		11	198			2	3	6	

续表

课程类别		课程名称	学分	总学时	各学期教学周数与周学时分配					
					1	2	3	4	5	6
					17 周	18 周	18 周	18 周	17 周	18 周
必修课	实践课	入学教育（军训）	1	30	1					
		认知实习	1	18	1					
		专业综合实训	10	162					9	
		技能考证训练	1	30					1	
		毕业实习	28	540						18
		毕业教育	1	30						1
		小计：（占 25.1%）	42	808						
任选课	公共选修课	心理健康	2	36						
	专业选修课	体育法规	2	36						
		各项运动三级裁判员考证	6	102						
		小计：（占 5.4%）	10	174						
合计			173	3199	28	28	28	28	28	

说明：1. 开设公共艺术和历史课，除保证教学安排表中确定的学时外，其余部分教学内容可在第二课堂完成（专题讲座）。2. 校内专业综合实训可集中或分散进行，若集中实训则按周安排教学，暂停安排其他课程。3. 学分计算方法：原则上，课堂教学一般以 16 ～ 18 学时计 1 学分，若每学期教学周数为

16 周及以上的课程，按周学时数等于学分数计算；若每学期教学周数小于 16 周的课程，则按平均 17 学时计 1 学分；计算学分取小数点一位，x ≥ 0. 5 取 1 分，x<0. 5 取 0. 5 分。4. 入学教育（军训）、校外实习、毕业教育按一周计 30 学时，每周计 1 学分；校内实训按实际学时计算学分。4. 若整学期全部安排到校外实习（含毕业教育），按一周计 30 学时，每学期按总学分的 1/6 计 28 学分。6. 取得中级职业资格证、技能等级证计 2 学分，参加国际性、全国性、省部级、地市级、行业内的职业技能竞赛以及各种知识、文艺、体育等竞赛中获得奖励，应予折合成学分。

十二、教学实施及要求

（一）公共基础课

公共基础课的任务是依据教育部统颁的相关课程教学标准的基本要求，引导学生树立正确的世界观、人生观和价值观，提高学生思想政治素质、职业道德水平和科学文化素养；为专业知识的学习和职业技能的培养奠定基础，满足学生职业生涯发展的需要，促进终身学习。推行案例教学、情境教学等教学模式的改革，教学方法、教学手段的创新，突出“学生为中心”的教育教学理念，调动学生学习积极性，注重学生学习能力和学习习惯的培养，为学生综合素质的提高、职业能力的形成和可持续发展奠定基础。

（二）专业核心课

专业技能课程的任务是培养学生掌握必要的专业知识和比较熟练的职业技能，提高学生就业创业能力和适应职业变化的能力。根据专业培养目标、教学内容和学生的学习特点，采取灵活多样的教学方法，推行项目教学、情境教学、工作过程导向教学等教学模式。突出“做中学、做中教、教学做相结合”的职业教育教学特色，强化理实一体化教学。

围绕本专业的特点，培养学生在休闲体育领域具有现实作用的专业基础知识和技能，使学生具备专业的知识素养。

（三）专业（技能）方向课

专业（技能）方向课要按照相应主要职业岗位的能力要求，采用基础平台加专门化方向的课程结构，设置专业（技能）岗位方向课程。旨在推进中职学校专业课程设置实现专业课程与产业、企业、岗位对接，专业课程内容与职业标准对接，教学过程与生产过程对接，强化职业岗位技能训练，有力促进中职学生更好就业。

（四）实训实习课

实训实习是专业技能课程教学的重要内容，是培养学生良好的职业道德，强化学生实践能力，提高综合职业能力的重要环节。坚持工学结合、校企合作，强化教学、学习、实训相融合的教育教学活动，重视校内教学实训，特别是生产性实训。加强专业实践课程教学、完善专业实践课程体系，加大实训实习在教学中的比重。要按照专业培养目标的要求和教学计划的安排，学校和实习单位共同制订实习计划，强化以育人为目标的实训实习考核评价。创新顶岗实习形式，组织开展专业教学和职业技能训练，保证学生顶岗实习的岗位与其所学专业面向的岗位群基本一致，健全学生实习责任保险制度。

十三、教学管理

教学管理是学校的中心工作，教学质量管理是教学管理的核心。为实现体育专业教学管理的程序化、规范化、科学化、信息化，将根据本人才培养方案的要求，规范制订本专业实施性教学计划，并加强对学校实施性教学计划执行的管理监督，严格按教学计划开设课程，统一公共基础课的教学要求，加强对教学过程的质量监控。实施中职公共基础课学生学业质量评价，积极推行技能抽查、学业水平测试、综合素质评价和毕业生质量跟踪调查等。要按照教育部关于建立职业院校教学工作诊断与改进制度的有关要求，全面开展教学诊断与改进工作，不断完善内部质量保证制度体系和运行机制。

各学校按教育行政管理部门的规定实行学分制管理，积极推进学历证和职业资格证“双证书”制度。开展校企联合招生、联合培养的现代学徒制试点，推进校企一体化育人。学生校外实习要认真落实《中等学生实习管理办法》的规定和要求，制定本校的学生实习管理实施办法，加强监管。

十四、教学评价

教学评价应体现评价主体、评价方式、评价过程的多元化。要校内校外评价结合，学业考核与职业技能鉴定结合，教师评价、学生互评与自我评价相结合，过程性评价与结果性评价相结合。创新评价方式方法，既要关注学生对知识的理解和技能的掌握，更要关注运用知识在实践中解决实际问题的能力水平。

要注重职业道德教育，构建学生、教师、家长、企业、社会广泛参与的学生综合素质评价体系；以过程性评价为导向，将学生日常学习态度、学习表现、知识技能运用纳入评价范围，形成日常学业水平测试、技能抽查等学业评价为主、期末考试考查为辅的过程性学业评价体系；以职业资格奠定基础，将学业考核与职业资格鉴定相结合，允许用职业资格证或技能等级证替代一定的专业课程成绩或学分；以企业职业岗位标准为参考依据，形成学校与企业专家共同参与学生企业顶岗实习环节的评价机制。结合专业教学实际，确定期末考试考查课程，按学业成绩管理统一规定，制定各门课程成绩评价标准。

学生所有课程均应考核，考核分为考试和考查。公共基础课，专业课一般为考试课程；选修课为考试或考查课程，公共基础课和专业知识课应推行教考分离，统一命题和阅卷；专业技能课可实行统一考试，集体评分。计算机应用基础、英语等课程可采取学校与社会考核相结合的办法，组织学生参加社会认可的等级考核，取得相应的等级合格证书。

十五、专业师资

根据教育部颁布的《中等教师专业标准》和《广东省人民政府关于全面实施“强师工程”建设高素质专业化教师队伍的意见》，加强专业师资队伍建设，合理配置教师资源。专业教师学历、职称结构应合理，具备良好的师德和终身学习能力，熟悉企业情况，积极开展课程教学改革。本专业应配备 2 名及以上具有相关专业中级以上专业技术职务的专任教师；建立“双师型”专业教师团队，其中“双师型”教师应不低于 60%；有业务水平较高的专业带头人，并聘请一定比例（10% ～ 30%）的行业企业技术人员和能工巧匠担任兼职教师。

本专业专任教师应具备相关专业本科以上学历，具有中等学校教师资格证书，专业课教师具备中级以上专业技术职务所要求的业务能力，具有良好的师德和终身学习能力。

十六、实训实习环境

（一）校内实训室

实训实习环境要具有真实性或仿真性，具备实训、教学、教研等多项功能及理实一体化教学功能。校内实训基地包括基础实训室、专项实训室和综合实训室，要建设一批一体化实训室，满足专业教学要求。实训设备配置应不低于以下标准，主要设施设备的数量按照标准班（40 人 / 班）配置。学校应根据本专业学生人数和班级数量，合理增加设备数量和工位数量，以满足教学要求。

校内实训实习配置实训室、主要设施设备名称及型号规格、数量见下表。

序号	实训室名称	实训室功能	主要设施设备		
			名称及型号规格	数量	单位
1	羽毛球馆	将学生安排到体育场馆的相应岗位上，在专业老师的指导下，熟练掌握羽毛球馆运营管理工作流程和工作方法，强化专业知识，能够将体育服务与管理的理论和技能与实际工作相结合，达到能够独立承担相应岗位工作的能力，同时引导学生树立正确的职业道德观，培养爱岗敬业和吃苦耐劳的精神，培养团结合作的团队意识	羽毛球场及相应的配套设施	6	个
			羽毛球拍	60	副
			羽毛球	100	筒
			台式计算机	1	台
			凳子、椅子	10	套
			储物柜	20	个
			器材室	1	间
2	乒乓球馆	学生安排到乒乓球馆的相应岗位上，在专业老师的指导下，熟练掌握羽毛球馆运营管理工作流程和工作方法，强化专业知识，能够将体育服务与管理的理论和技能与实际工作相结合，达到能够独立承担相应岗位工作的能力，同时引导学生树立正确的职业道德观，培养爱岗敬业和吃苦耐劳的精神，培养团结合作的团队意识			
			乒乓桌及相应的配套设施	10	台
			乒乓球拍	20	副
			乒乓球	50	筒
			台式计算机	1	台
			凳子、椅子	10	套
			储物柜	15	个
			器材室	1	间

续表

序号	实训室名称	实训室功能	主要设施设备		
			名称及型号规格	数量	单位
3	学校健身社团服务室	通过学校的健身社团形式开展模拟健身俱乐部，把学生安排到乒乓球馆的相应岗位上，在专业老师的指导下，熟练掌握羽毛球馆运营管理工作流程和工作方法，强化专业知识，能够将体育服务与管理的理论和技能与实际工作相结合，达到能够独立承担相应岗位工作的能力	形体室	1	间
			多媒体设备	1	台
			健身器材	10	套
			空调	2	台

（二）校外实习基地

本专业应建立 2 ～ 3 个稳定的校外实训基地和若干个顶岗实习点。大力推进与规范的大中型企业合作，共同将校外实训基地建成集学生生产实习、“双师型”教师培养培训和产教研的基地。根据本专业岗位实习要求，能承担学生场馆管理、健身服务、赛事组织、产品营销等核心技能的训练。学校与校外相关的体育场馆、运动俱乐部和体育企业进行合作实地实习。使学生初步掌握休闲体育服务与管理工作所需具备的基本职业心态和基本操作技能，对本专业的主要工作岗位及其工作职责有一定的认识和体会，帮助学生更好地将所学专业知识应用于实际工作，并进一步加强学生专业技能的训练，提高学生的实际工作能力，塑造“一技之长＋综合素质”的高技能人才。同时积极教育和引导毕业生的择业观念和择业心理，为顺利毕业与就业实现零距离过渡打下坚实基础。

4. 教学改革成效

教学改革实施后，学校聚焦体育人才发展，进行职业教育改革，在体育人才培养方面职得了优异成果。

（1）人才质量显著提高，就业率高

学校毕业生就业率每年达 100%，升学人数从 2017 年 81 人增长到 2022

年 408 人，2022 年高考本科突破了 1 人，运动队和体育专业的学生 97. 8% 考上了高职院校，在德讯阳光青少年俱乐部当教练的 2015 级电子商务专业学生黄伟浩于 2019 年自主招生考上华南农业大学本科，我校 2015 届毕业生李秋靓与林丹搭档混双，考入华南农业大学，2019 年毕业保送研究生，其余同学在各自专业上就业，受到企业欢迎。体育专业招生人数从 2020 年 29 人，2021 年 137 到 2022 年的 140 人，翻了 4 倍。生产与教学融合，学生人才培养质量的提高，综合素质高，学生到企业实习，受到用人企业单位普遍好评。对学生的综合表现满意度提高，特别是技术技能和为人处世，工作态度等方面得到了充分的认可。

表 1　广州市白云行知职校学生 2017—2022 年学生就业升学人数

	2017 年	2018 年	2019 年	2020 年	2021 年	2022 年
毕业人数（人）	696	741	679	540	505	676
就业人数（人）	695	741	679	540	505	660
直接就业人数（人）	614	633	497	409	322	252
对口就业率（%）	85	85	73	76	63	37
升学人数（人）	81	100	182	131	183	408

（2）深化了校企合作和产教融合

与多家体育企业进行校企合作，打造实践基地建设，建设运动场馆，合作办学，不断打造优秀运动员和优秀教练员，将学生培养成能工巧匠，优秀教练员。在企业实习的学生又培养出优秀运动员，不断传递知行合一的教学理念与人才培养模式，深化产教融合。

（3）形成了高水平师资和优秀的学生技能技术好手

成果的设计与实施，全面点燃了教师教和学生学的兴奋点，解决了职业教育教与学的倦怠问题，提高了学生的学习兴趣和主动性，学习内容与社会融合，让不同的学科教学的组织和管理模式和谐统一，提高了师生的积极性，促进教学质量的提高。通过本成果建设，促进教师专业化高效成长，提高了教学业务与科研水平，起了带头、示范与辐射作用，锻炼培养了一支教育教学理念先进、实践操作能力强、教学水平高、素质过硬的教师队伍和优秀的学生技能技术好手。得到教育行政部门与同行的一致好评。

形成了省优秀教师 1 名，市优秀教师 1 名，市骨干教师 4 名，区骨干教师 1 名，39 名校级技能竞赛优秀指导老师。在名师带动下，获批省市教改项目 7 项，发表论文 30 多篇。多名教师获国家、省级和市级比赛一、二、三等奖。教师所获得奖项共 19 个。国家级奖项的有 2 个，1 个一等奖，1 个二等奖。获得省级奖项的有 2 个，1 个一等奖，1 个南粤优秀教师。获得市级奖项的有 6 个，1 个一等奖，2 个二等奖，获得区级奖项有 9 个。指导学生综合比赛获奖共 23 个。国家级奖项的有 4 个，1 个特金奖，1 个金奖，2 个三等奖。省级奖项的有 4 个，2 个二等奖，2 个三等奖。市级奖项的有 15 个，2 个一等奖，3 个二等奖，10 个三等奖。

体育各种团体竞赛获得奖项共 68 个。省级奖项有 1 个，1 个一等奖。市级奖项有 48 个，12 个一等奖，6 个二等奖，8 个三等奖，6 个第四名，5 个第五名，6 个第六名，1 个第七名，4 个第八名。区级奖项有 19 个，7 个一等奖，2 个二等奖，6 个第四名，3 个第五名，1 个第六名。体育个人单项奖若干个，主要是田径与羽毛球方面，不列举。

5. 经验分享与启示

基于广州市白云行知的体育教学改革经验，我们总结出通过申办专业、校企合作、课程改革、教法改进等宝贵的经验和启示，可以为其他学校在体育教学改革方面提供借鉴和参考。通过对广州市白云行知体育教学改革经验的分享和总结，我们可以更清晰地了解体育人才培养中的实践案例，为整个领域提供宝贵的经验借鉴和启示。学校在体育人才培养教学模式改革中也取得了令人瞩目的成绩。该校通过开展体育特色课程和项目，注重学生的兴趣培养和个性发展，成功地实现了教学目标。其成功经验主要体现在以下几个方面：

学校开设了一系列具有特色的体育课程，如体育舞蹈、体育健身、体育管理等，满足了学生多样化的学习需求，拓宽了学生的职业发展空间。学校注重学生体育技能的培养和实践能力的训练，组织丰富多彩的体育活动和比赛，激发了学生的学习热情和竞技精神。学校注重与体育产业对接，与体育俱乐部、健身中心等建立合作关系，为学生提供实习和就业机会，助力学生就业和职业发展。

（三）案例三：广州市旅游商贸体育选项改进实践

广州市旅游商贸体育选项改进实践是本文研究的重要案例之一。该案例旨在探索如何有效提升体育选项的教学质量和学生发展效果。本节将详细介绍该实践的背景、目标、具体举措和实施效果，以期为体育人才培养提供有益借鉴。

1. 背景与目标

广州市旅游商务是全日制中等，由广州市人民政府主办、广州市教育局直接管理，是首批国家中等职业教育改革发展示范学校、国家级重点中等、全国职业教育先进单位、首批全国中职“教学工作诊断与改进”试点学校、广东省“中华文化传承基地”、广东省模范职工之家、广州市星级家长学校。2018年入选教育部“改革开放四十周年中职高质量发展五个案例”学校，2019年被评为全国教育系统先进集体。第一批广东省高水平中职学校建设单位。学校校园总面积130余亩，校内实习实训室30个，校外实习基地88个。现有教职工362人，专业技术人员336人，占比92. 8%，专任教师299人，占比为89%。高级教师职称105人，中级教师134人，分别占专任教师总数35. 1%和44. 8%；高级技师46人，技师44人，“双师型”教师占专任教师总数73. 9%；本科及以上学历教师占专任教师总数的100%，研究生学历、硕士学位教师169人，是专任教师总数的56. 5%。

学校设有7个教学机构，开设教育与体育等18个专业，有1个全国职业院校旅游类示范专业点（高星级饭店运营与管理）；2个省级高水平专业群（高星级饭店运营与管理专业群和中餐烹饪专业群）：5个广东省重点专业（高星级饭店运营与管理、旅游服务与管理、中餐烹饪、商务英语和会计事务专业）；3个广东省双精准示范专业（高星级饭店运营与管理、中餐烹饪、商务英语专业。

2. 具体举措

广州市旅游商贸作为本案例的研究对象，曾面临着体育选项教学质量不高、学生参与度低等问题。为改变现状，学校制定了提升体育选项教学质量、激发学生体育兴趣和潜能的明确目标。通过优化课程设置、改进教学手段和加强学生体能培养，希望实现体育选项教学的整体提升。

学校采用“健康知识 + 基本运动技能 + 专项运动技能”的学校体育教学模式加强党的建设、打造专业群、打造高水平双师队伍、提升校企合作水平，提升信息化水平、提升社会服务水平、合作水平等，对体育选项课程进行了全面梳理和优化，引入了更加符合学生兴趣和实际需求的体育项目。其次，学校加大了对体育师资队伍的培训力度，引进了先进的体育教学理念和方法。同时，学校还开展了丰富多彩的体育文化活动，激发学生对体育运动的热爱和参与欲望。此外，学校还通过改进体育设施和器材，为学生提供更好的体育锻炼条件。学校开设各种选项课程，大大满足学生学习各种体育技能兴趣，加大对各类运动项目的推广与支持力度，丰富学校体育文化，培养学生的体育锻炼意识，提高学生的体质水平，继续为教育强国与体育强国的建设添砖加瓦。

3. 实施效果

经过一段时间的实施，广州市旅游商贸的体育选项改进实践取得了显著成效。其中篮球与足球成为广州市高水平运动队，广州市旅游商务荣获“广东省中小学篮球推广学校”称号

首先，学生对体育选项课程的兴趣明显增加，参与度和投入度明显提升。其次，学生的体育技能和身体素质得到了有效提升，体育教学质量整体提高。再者，学校体育文化活动丰富多彩，形成了浓厚的体育氛围，激励着更多学生积极参与体育运动。该校在市、省、国家级的比赛屡创佳绩，为学生的成才打下良好基础，并为上级院校输送一、二级运动员，在体育选项改进实践中取得显著成效。学校大力推进产教融合，2011 年牵头成立了广州市旅游商务职业教育集团，现有成员单位 189 个；2013 年提出了“三平台三基地”的校企合作运行机制，深化校企合作、产教融合。在上级有关部门的指导下，学校建立首个粤菜师傅培训室，是广东省“粤菜师傅培训基地”“粤菜师傅大师工作室”双料单位。

学校积极响应国家“一带一路”倡议，把对外交流与合作作为学校持续发展的战略目标与葡萄牙、德国、瑞士、法国、加拿大、日本、泰国、新加坡、新西兰等 16 个国家和地区的 28 所院校或教育机构建立了合作关系，开展课程共建、师生交流、区域合作、国际认证、互建工作站等。2018 年 12 月，“广州市旅游商务葡萄牙工作站”在葡萄牙国家旅游局正式挂牌，2019 年 6 月学校的“中餐烹饪工作室”“中华茶艺工作室”在葡萄牙正式启动。2022 年出版

了《中华茶艺》《中华粤菜》葡萄牙语和英语版教材。

学校有中职升本科、自主招生考试、3＋专业技能证书高考、三二分段中高职贯通等形式入读本科院校、高职院校，渠道通畅。2022年，35位学生考入本科院校，256人考入国家示范或骨干高职院校。2023年广东省“3＋证书”高职高考，本科上线共276人，大专上线共622人（不含三二分段）。

学校办学得到了行业认可，是广东烹饪协会常务副会长单位、广东省美容美发协会副会长单位、广东省和广州市职教学会副主任单位、广州地区烹饪协会副会长单位。学校是广东省职业院校“双师型”教师培训基地、广州市师资培训基地、广东省校长培训基地、广州市中小学教师继续教育培训基地。多年来学校的办学质量得到社会的广泛称赞，被誉为“粤菜厨师黄埔军校”“广东旅游商务人才的黄埔军校”。

4. 展望与总结

展望未来，该将继续深化体育选项改进实践，进一步提升体育教学质量和学生体育素养。目前学校正在为建设“立足湾区，岭南特色，全国一流，国际影响”的现代化努力奋斗。同时，学校还将加强对体育师资队伍的培训和引进更多先进的体育教学理念，不断创新体育选项教学模式。总之，该实践案例为体育人才培养提供了有益经验和启示，对于促进体育人才培养工作的持续健康发展具有重要意义。

（四）案例四：广州市财经商贸体育人才培养实践特色案例

1. 背景与目标

广州市财经商贸隶属于广州市教育局，是国家职业教育改革发展示范学校、国家级重点中等，广东省高水平中职学校建设单位，国家职业教育改革发展示范学校，积淀了厚实的办学根基。学校师资力量雄厚，在编专任教师419人，其中正高级教师3人，高级教师147人，“双师型”教师285人，南粤优秀教师2名，市中职学校“百千万工程”名师培养对象6人，市中小学名师工作室主持人2人，市优秀教师24名，市级专业带头人12人，市级骨干教师17人。为广东地区乃至全国培养了一大批人才，享有财经商贸类技术技能型人才“黄埔军校”的美誉。学校地处粤港澳大湾区核心位置，瞄准“粤港澳大湾区”国家战略，对接国际市场前沿、产业高端和全球开放新格局，形成财经底蕴厚实、粤商特色鲜明的育人环境，是国家职业院校数字化校园建设实验校、广州市智慧校园建设实验校、广州市中小学师德师风建设优秀学校。学校财经商贸专业特色鲜明，开设休闲体育服务与管理共17个专业，其中5个专业被评为广东省“双精准”示范专业。

学校不断创新人才培养模式，进一步提升中高职一体化人才培养比例，产教对接，校企合作，成立中高职一体化、纵向贯通、横向融通的广州财经商贸职教集团，参与集团的行、校、企数量70多家，引进不同类型企业进驻校园，创建“校中企”开展深度合作。围绕广州市财经商贸学生发展，全方位培养高素质的财经商贸类人才。国家大力发展校园足球，在此背景下，广州市财经商贸以校园足球为契机和切入点，大力发展特色项目。

2. 具体举措

广州市财经商贸通过组成专业群，分类管理，做大做强，申报广东省学生体育艺术联合会田径协会训练基地，与广东省体育职业技术学院、番禺职业技术学院进行三二分段合作申报休闲体育服务与管理专业，输送优秀体育教师受聘任广州市教育学会中职体育教育研究会常务副秘书长及中心组成员，举办班级足球联赛，申报体育高水平团队“厚德强体，铸造四维一体阳光足球品牌”；建设“财经卢琳足球训练营”，定期和各同行学校进行实践等一系列举措，卢琳足球俱乐部专业教练员以及带来中超一线实战理念，为学生足球队进行专业足球培训，通过一系列人才培养方法，进一步提升学校足球竞技水平。

3. 实施效果

广州市财经商贸足球队在市教育局和市体育局联合主办的赛事中屡获佳绩。学生女子足球队参加广州市中小学生足球联赛中职女子组获得赛事冠军1次，亚军4次，季军2次，殿军1次。学生男子足球队参加广州市中小学生足球联赛中职男子组获得赛事亚军1次，季军1次，殿军1次，第五名1次，第七名1次。张泽来同学入选广州市代表队（中职组）勇夺“省长杯”桂冠；杨啟源、王梓豪两名同学入选广州代表队荣获全国U17第十二名，获国家二级足球运动员证书；潘奕宏同学入选学校合作单位广东奥世队荣获全国五人制U17足球青少年锦标赛第六名，个人获得国家二级运动员证书。广州市财经商贸2023年荣获广州第二批高水平学生体育美育团队项目，并获得广东省校园足球特色学校。

4. 展望与总结

广州市财经商贸在体育人才培养教学模式改革中取得了显著的成效。该校通过建立多元化的体育教学体系，注重学生体育技能的培养和综合素质的提升，取得了良好的教学效果。其成功经验主要体现在以下几个方面：

学校注重师资队伍建设，引进了一批具有丰富教学经验和专业知识的体育教师，为学生提供了专业化、个性化的教学指导。

学校积极探索体育教学改革的创新路径，引入先进的教学理念和方法，如问题导向式教学、课程整合等，提升了教学质量和学生学习动力。

学校注重与社会资源的对接，与体育行业企业和机构合作，为学生提供实践机会和职业发展支持，使学生毕业后能够顺利就业。

二、　体育专项人才培养案例

以广州市白云行知职业技术学校体育人才培养的几个运动项目的案例为例，主要聚焦体育人才培养的校企合作与产教融合，基于新时代职业教育改革和体育产业发展对体育人才培养要求，探讨体育人才培养的具体路径。

主要打造实践基地建设，与广州市白云区业余体校合作，建设健身房实训基地，着力提高高水平运动队和全体学生身体素质。组织不同专业体育尖子生到广州长隆酒店、白云宾馆、东方宾馆、香格里拉、美的等五星级酒店、美的集团、广州本田等企业实习。与奥比亚体育公司合作，建设羽毛球馆，为羽毛球运动队和羽毛球社团的训练提供了保障。与多家体育企业进行校企合作，如奥比亚体育发展公司合作办学，德讯阳光羽毛球俱乐部、深圳培林体育发展公司合作，提供学生实训实习机会。与奥比亚体育公司合作，打通体育普通高考桥梁，普高与中职同时并存发展，拓宽学生升学渠道。与德讯阳光俱乐部合作，开展羽毛球高水平运动员培训与教练员培训，企业定期为学校派送高水平教练员来校授课，大幅度提高了学生技术技能水平。在教练计划中，挑选品德优秀、技术成熟的学生到德讯阳光羽毛球俱乐部、骏辉足球俱乐部当教练员，深化产教融合。学校常年邀请英格兰热刺青年队职业队足球教练到我校开展足球技术指导，并定期到恒大足球学校交流学习。广州镇泰集团每年拨专款 3 万元给学校作为校园足球建设资金，支持高水平教练到校提供技术指导。

（一）案例一：羽毛球高水平运动员培养案例

广州市白云行知职业技术学校羽毛球人才培养的路径是比较成熟的，首先我校一直开设羽毛球选项课，成立羽毛球社团，让更多志愿参与羽毛球运动的学生投入自己的兴趣爱好当中。

我校为推进体育人才培养路径，促进校企合作与产教融合，与广州市德讯阳光青少年俱乐部签订了订单培养，推进羽毛球运动员的培养，提高就业率与运动员竞技水平。与德讯阳光俱乐部合作，开展羽毛球高水平运动员培训与教练员培训，企业定期为学校派送高水平教练员来校授课，大幅度提高了学生技术技能水平。挑选品德优秀、技术成熟的学生到德讯阳光羽毛球俱乐部任教练员，促进企业人才的传帮带，形成良性循环。与奥比亚体育公司合作，建设羽毛球馆，为羽毛球运动队和羽毛球社团的训练提供了保障。通过借助俱乐部的高水平教练团队和先进的人才培养理念，融合我校体育人才培养的方案，有了可喜的成绩。

广州市德讯阳光青少年俱乐部成立于 1998 年，是广州最早从事青少年羽毛球业余培训的俱乐部。十多年的教学积累，逐步形成了自己的一套行之有效的训练教学体系，围绕这个教学体系，同样形成了一个老中青三代教练员组成的稳定的教学团队，他们精诚团结、有爱心，敬业负责，业务过关，是德讯阳光俱乐部成长壮大的中坚力量。他们有着良好的教学团队与口碑，在运动员与教练员培养方面有多年的经验。

我校 2015 届毕业生李秋靓入学后与德讯阳光青少年俱乐部签订人才培养计划，经过严格训练，之后与我国著名羽毛球运动员林丹成为混双搭档，于 2015 年考入华南农业大学，2019 年毕业保送研究生，2016 级黄炜皓，通过三年培养，2019 年他考入了华南农业大学，之后获得全国大学生羽毛球双打第一名。在 2021 年落幕的全国第十四届学生运动会上，黄炜皓代表广东省大学生羽毛球队参赛，黄炜皓获得男子双打全国冠军，这也是华南农业大学在全国学生运动会获得的第一枚金牌。中华人民共和国第一届学生（青年）运动会羽毛球赛近日在广西南宁举行。运动员黄炜皓随广东省代表队出战，经过激烈角逐，最终随队获得男子团体铜牌（黄炜皓、李涛裕）、男子双打银牌（黄炜皓）。黄炜皓入学时为国家一级运动员，通过四年刻苦训练，在赛场上奋勇拼搏，最终获得男子双打银牌，晋级为国家运动健将。

黄炜皓为右二

黄炜皓为左一

另一个激励的案例便是2016级电子商务专业的欧美娇，她现在已经是德讯阳光青少年俱乐部王牌教练员。广东《少男少女》杂志社对她的报道《苦难中绽放的坚强之花》。

《苦难中绽放的坚强之花》

人生在世，其实都各有各的苦，只是有的人可能会更苦一点。曾就读于广州市白云行知职业技术学校的欧美娇就是如此。刚满20岁的欧美娇经历了很多人根本想象不到的严峻考验，但她身上带着不屈的精神，硬是在苦难中走出了一条闪着光辉的道路。

羽毛球——走出苦难的契机

孩提时便经历了亲人的出走与离世，这令欧美娇几乎没有过普通意义的童年生活。她带着年幼的妹妹住进了福利院，过往的不幸曾一度让她自暴自弃。但是，福利院的院长和员工的善意让她感受到此前从未有过的温暖，她也渐渐放下心防，开始帮忙照顾福利院里同样不幸的孩子们。也许人的善行最终都会以更好的方式回报自己，在 2015 年，欧美娇和妹妹被来自广州的羽毛球教练黎汉伟相中，之后他们来到了可以得到更好发展的广州。

刚开始接受羽毛球训练的欧美娇，因身高条件的劣势而经常在训练和比赛中惨败，不堪重负的她曾赌气出走。然而俱乐部的一众教练们一直给她包容与鼓励，让她认识到自己该抓住这次得之不易的机会，好好改变自己与妹妹的生活。她开始刻苦训练，并在 2016 年第一次打市级锦标赛时，就拿到云浮市第五届运动会羽毛球比赛青少年组女子单打冠军。

中职生——向上攀登的目标

随着比赛成绩的进步，欧美娇也找到了新的目标——她想要协助俱乐部去培养新的学员。过去在学校中她的成绩并不突出，想要当好教练员，就必须学习更多的技能。因此，她选择重返校园，去提升自己的理论基础。正因如此，她遇到了广州市白云行知职业技术学校。

广州市白云行知职业技术学校以“学行知思想、办特色职教、育生利人才、造现代蓝领”为理念，努力实现使学生成为优秀从业者、成熟的管理者、合格的创业者各层次的培养目标。这样的办学理念正是欧美娇所需要的。学校对入学学生并没有户籍上的限制，这也让户籍不在广州的欧美娇省却了不少麻烦。她在 2016 年就读该校的电子商务专业，并在此基础上学习体育管理专业的相关课程。因得知她有着繁重的训练任务，同时还兼任教练，学校特意为她申请了半工半读的模式，让她能只在上午到校上课，下午可以回训练馆带班并进行自己的训练。对学校的开明，欧美娇一直心存感激，并以自己的实际行动去报答学校给予的帮助。

教练员——面向未来的奉献

自 2018 年暑假开始，欧美娇协助俱乐部精英班的教学。平日的训练以及在学校中的学习，让欧美娇有了很大的改变。她以一种专业教练的姿态来面对 30 多人的精英班，回荡在训练馆中的中气十足的指导声，凝聚了她在俱乐部与学校中汲取的养分，并滋养着更年轻的未来。

2019 年，欧美娇正式成为俱乐部的教练员，并在这一年里取得了广州市市长杯中职女单第三名，也带领自己的学员在多项青少年羽毛球赛事中斩获荣誉。这让她感觉到无比自豪。

如今的欧美娇的目标是成为一名优秀的职业教练，去培养更多优秀的羽毛球选手。她曾经生活在苦难之中，但靠着自己的顽强拼搏与各方面的友善帮助，她已绽放成了一朵无惧风雨的花。

通过校企合作和产教融合，我校羽毛球项目在市长杯白云区、广州市中学生羽毛球比赛中，从 2015—2024 年多次获团体、男单、女单、男双、女双、混双冠亚军，成为中学羽毛球项目高水平运动队，获得社会各界好评。目前还有几位同学在德讯阳光俱乐部培养，如 22 体育 1 班邱家锐、赖映静，参加比赛为学校获得了很多奖项，广东省青少年羽毛球锦标赛双打第 9，白云区香港赛马会羽毛球系列羽毛球比赛单打第一，广州市中小学生联赛中职组团体第六，单打第一，两位同学未来可期。

（二）足球高水平运动员培养案例

我国校园足球尚处于发展初期，校园足球资源缺乏，许多校园足球环境流于形式，难以体现校园足球价值。对此，国家相继出台了一系列关于“校园足球”的政策，大力提倡建设校园足球环境，从行为、精神、制度等各个角度增强校园足球的规范性、科学性，发挥其育人功能。从 2009 年校园足球启动以来，中国校园足球工作取得了积极进展，校园足球特色学校发展规模不断壮大，普及水平逐年提高，校园足球已经走上健康发展的快车道。校园足球事业有其发展规律，实现振兴不可能一蹴而就。在校园足球快速发展的同时，大家必须清醒地认识到，发展质量是校园足球发展的生命线，没有质量的校园足球就没有生机，也没有生存与发展空间。经过十年的发展，中国校园足球虽然取得一定的成绩，但普及水平不高、发展不平衡、教学师资短缺、资金投入不足和场地匮乏等问题依然困扰校园足球的健康发展，校园足球发展后劲明显不足。2017年政策发文呈现井喷，陆续发布了《中国足球协会2020行动计划》、《全国青少年校园足球教学训练竞赛体系建设方案》（试行）、《关于组织申报聘请校园足球外籍教师支持项目的通知》等多项政策，计量结果表明，政策条目多数是以目标规划和策略性措施为主的环境型政策和以人才培养、资金投入为主的供给型政策，而以体育采购和服务外包为主的需求型政策却相对不足，这反映了校园足球在政策工具使用上的典型特征。与“旧校园足球”相比，在环境型政策和供给型政策的使用上有了强化，但是需求型政策仍然薄弱，不利于培育校园足球发展的内生动力。校园足球的社会价值是不容忽视的，校园足球是足球产业的基石，是社会人才培育的摇篮，校园足球的社会功能和贡献无法否认。但当前，我国校园足球存在社会融合度低的问题，一方面校园足球经费渠道来源单一，社会力量和市场资源难以被吸收利用，地方缺乏“刚性”政策配套，难以调动社会组织支持校园足球的积极性。可以说，校园足球并没有得到社会有力支持，处于一种“孤立无援”的境地。法国校园足球经验告诉我们，有必要通过有效手段强化社会对校园足球的支持力度，同时也要发挥校园足球的社会反哺功能。

我校为了提高校园足球教学质量，依据学校体育工作要求，开足开好足球课，每学期至少开足7节课时，到了学生二年级还开设足球选项课，保证学生有一定时间接触校园足球，在场地器材师资方面做足了功课。每年开展校长杯校园足球班级联赛，提高学生竞技水平，鼓励学生考取足球裁判员证书，校长杯比赛的裁判有一定数量的学生裁判，不仅提高学校校园足球裁判水平，还服务社会团体一些足球比赛，加深产教融合和人才输出渠道获得社会团体好评。设立校园足球社团，设立男、女子足球队两支，每支队伍人数30多人，以提高校园足球竞技水平，坚持每年吸收新队员，制定规章制度，保证正常的球队运作，确保梯队的传帮带，不断提高校园足球运动队技术技能水平。为了提高师资水平，定期输送体育教师参加校园足球教练员培训，学习足球教学技术技能、教练技术技能、裁判技术技能。定期聘请骏辉足球俱乐部教练员到校指导足球队训练，提高运动队水平，另外还将优秀足球运动队派到骏辉足球俱乐部任小学组教练员，形成产教融合。德讯阳光俱乐部还引进国外热刺足球俱乐部教练到校进行指导，激发更多足球运动员学习战术技法，从而参与教练员培训当中。多次与广州市旅游商务学校、广州市南武中学合作，为它们输送足球运动员。他们代表广州队参加省长杯的比赛，获得第二名、第一名的奖项，并且多名同学获二级运动员证书，为上一级院校输送优秀运动员。与广州市财经商贸学校、广州轻工职业技术学校、广州市交通运输职业技术学校、广州市大同中学等开展足球友谊赛，多校交流，打造体育人才交流平台，促进体育人才发展。主动与白云区各初中学校合作，接收体育各种项目特长生就读，做好运动队的传帮带，充实体育后备力量人才库。与广州市白云区青少年业余体育学校合作，创办行知训练基地，提高学生训练水平与专业技能标准。2019年申请了广东省校园足球推广学校并成功立项，为校园足球进一步学习有了更好的基础。

2017 届烹饪专业学生梁敏仪与胡丽烨毕业后签约了骏辉足球俱乐部，2023 届体育专业学生陈俊荣，毕业后签约广州市和信足球俱乐部兼职教练，2024 年带领平沙小学、 广二师小学、新和小学、新华四小、唐阁小学，2023 年 7 月和信第一届足球邀请赛 U8 组季军，广州星城杯五人制足球赛亚军，2023 年 8 月黄埔区知识城青少年足球夏季邀请赛 U10 金杯组亚军，2024 年 1 月温拿迎春杯 U8 组冠军 U10 组亚军，带领平沙小学 23 年 5 月参加白云区永平片区赛第四名，学生的表现受到了企业和家长们的好评。2015 届烹饪专业学生胡丽烨，毕业后在古广明足球俱乐部担任足球教练，现在带 16 岁年龄段预备队。在俱乐部担任助教，带领学生获得 2018 年女子市锦标赛第三名、2019 年女子市锦标赛第四名；2020 年担任助教，带 117 中学黄浦区校园足球中学生精英赛第一名；带 117 中学黄浦区校园女足打市运会第六名。

2022 届电子商务专业颜家璇，是广州市白云行知职业技术学校女子足球队队长，三次获得白云区高中组女子足球队冠军，一次广州市中职女子足球赛组第三名，两次前六名。毕业后参加 2022 年广东省“省长杯”青少年校园足球联赛（大学组）获得第七名，2023 年广东省青少年校园足球联赛（大学组）第五名，2024 年“力美健”杯第 44 届广州健身健美锦标赛暨第二届广东省大学生健身健美锦标赛高校组女子健身第一名、公开组女子健身第一名、公开组健身模特第二名、高校组健身模特第三名、公开组女子比基尼第四名，2024 年全国青年健身健美锦标赛暨世界青年健身健美锦标赛选拔赛青年组女子健身模特

C 组第七名、大学生组女子健身第六名、青年组健身比基尼第十名。

从 2015 年起到 2024 年，学校的男女足球队多次获得了广州市中学生校园足球中职组前三名，2018 年女队获得了中职组冠军，不断刷新学校纪录，获得优异成绩。

（三）田径高水平运动员培养案例

1. 田径教学存在问题

学生体质下降问题成了近年学校体育工作重中之重，学生体质健康测试成绩现成为学校工作一项重要指标，田径教学作为学校体育教学重要的一部分，是学生体质和健康评价中的重要指标。为了提高学生体质，急需改进田径教学和相关田径教学条件，主要关键有师资、场地、器材、设备。田径运动作为体育运动的基础项目，在我国体育事业发展中具有重要地位。长期以来，如何培养优秀田径运动员成为体育界关注的焦点。田径运动项目的完成质量取决于运动员的力量、速度、耐力、灵敏性、协调性等，核心力量的训练又是一种非常有效的力量方法，注重核心力量的训练对提升田径运动员的力量水平有着至关重要的作用。首先需要建立学校田径运动课余体育训练制度，端正指导思想；其次是激发学生体育锻炼的兴趣，培养学生进行体育锻炼的习惯，处理好学生课余训练与文化学习的关系；再次是加强中小学体育教师队伍建设，提高科学化训练的水平；从次是引导学生主动地参与体育活动，培养优秀体育后备人才；最后要加强对少年儿童田径运动员心理素质的培养和训练。

为了提高学校田径教学水平。定期让体育教师参加体能教练员培训和等级运动员培训班。同时进行校企合作，让社会力量介入田径人才培养。社会力量介入优秀田径运动员培养是我国竞技体育后备人才培养体系的重要突破口，针对我国现状要进一步破解制约社会力量介入优秀体育人才培养的体制障碍，大力推进优秀田径运动员社会培养的制度设计，拓宽社会资源介入优秀田径运动员培育系统的途径。

本节通过分析田径人才培养的成功案例，探讨人才培养模式、选拔机制、训练方法等方面的问题，以期为我国田径人才培养提供借鉴。

2. 田径高水平运动员培养策略

（1）加强校际交流合作

为了提高中学田径人才的培养质量，校际交流合作至关重要。各学校可以定期组织田径比赛、训练营等活动，让学生有机会互相学习、交流和竞争。此外，学校还可以与其他地区甚至国际上的优秀中学建立合作关系，互相借鉴先进的训练理念和方法，提高自身培养水平。

（2）完善选拔机制

选拔是培养中学田径人才的第一步。学校应建立健全选拔机制，确保选拔过程的公平、公正和公开。选拔时要注意观察学生的身体素质、运动潜能和心理素质，综合评价学生的综合素质。同时，要关注学生在各级比赛中的表现，挖掘潜力股。

（3）注重教师队伍建设

教师队伍是中学田径人才培养的关键。学校应加强对田径教练员的培训和选拔，提高他们的专业水平和教育教学能力。此外，还可以引进优秀教练员和退役运动员充实教师队伍，为学生们提供更加专业的指导。

（4）个性化培训方案

针对学生的个体差异，制定个性化的培训方案至关重要。教练员要根据学生的身体素质、年龄、运动项目特点等因素，制订合适的训练计划。同时，注重学生的心理辅导，培养他们面对困难和挫折的能力。

（5）加强体能训练与恢复

体能训练是田径运动的基础，学校应加强对学生的体能训练。在训练过程中，要注重动静结合，合理安排训练强度和恢复时间。此外，要关注学生的营养摄入，保证他们在高强度训练中保持良好的身体状态。

（6）拓宽发展渠道

为了激发学生参与田径运动的积极性，学校应拓宽发展渠道，为优秀运动员提供更多的发展机会。可以通过高校高水平运动员招生、职业队选拔等途径，帮助学生实现升学和职业发展。

3. 田径高水平运动员培养案例

广州市白云行知职业技术学校2021年与奥比亚体育发展公司开展订单培养，合作办学，奥比亚公司投入羽毛球场馆建设，并输入优秀教练员到校进行合作教学，引入先进体育教学方法和先进的运动器材，三年间，体质测试成绩优良率由20%多上升到30%多，达标率99%以上，有了明显的进步。2017年至2024年，学校参加白云区、广州市中小学生运动会高中组和广州市中职运动会获得了佳绩。团体总分由第六名上升到第五，第四和第一名，其中跳高项目2021级孔德钊1. 96米的成绩打破了白云区中学生运动会高中组纪录，2023年他代表白云区参加广州市中学生田径运动会并取得了第八名的成绩，2024年孔德钊在跳高项目上跳出2. 07米成绩获得了冠军。田径项目的教学有了新的突破。

后　　记

在《体育强国建设纲要》的指引下，体育教育的重要性日益凸显。体育专业人才的培养，不仅关乎体育产业的繁荣，更关乎国家整体健康水平的提升。如何通过深化产教融合，改革体育人才培养路径，以适应体育产业的高质量发展，是当前教育工作者和产业界共同关注的焦点。这要求体育专业人才不仅要具备专业技能，还要具备健康促进社区体育指导等多元化能力。在职业教育改革的进程中，产教融合的作用不容忽视。通过产教融合，我们可以设计出与产业动态需求紧密相连的课程体系，比如将体育器材制造、运动场馆建设等与体育教育相结合，培养出既能满足体育产品和服务需求，又能推动体育产业创新升级的复合型人才。 总的来说，本文旨在探索如何在《体育强国建设纲要》指引下，通过深化产教融合，改革体育专业人才培养路径，培养出符合新时代要求的高素质体育人才。这不仅需要政策层面的推动，更需要教育工作者、产业界和政策制定者的共同努力。只有这样，我们才能实现体育产业的高质量发展，推动全民健康水平的提升，为构建健康中国贡献力量。

在本专著即将尘埃落定时，我深感内心充满感激，因为在这漫长而又富有挑战性的研究旅程中，我并非孤军奋战。在这里，我想向所有给予我帮助、支持和鼓励的人们表达我最深的谢意。

我要衷心感谢为我提供实验和研究设施的广州市白云行知职业技术学校，没有学校的支持，我无法顺利完成本文撰写。同时，感谢广州市教育基金会提供的资金支持，是你们的慷慨解囊，使我们的研究得以持续开展，也为更多有志于体育教育的年轻人提供了机会。

谨以此篇致谢，表达我对所有帮助过我、支持过我的人最深的敬意和感激。希望我们的研究成果能为体育教育的改革和发展贡献微薄之力，让更多的青少年在体育的道路上找到自我，实现梦想。

致以最诚挚的感谢！

黄小娟

2024. 6. 25

参考文献

[1] 刘斌．基于应用型体育人才培养的“术科”课程建设原则，2016，31：147-150.

[2] 王长权，查萍，郎健．新“举国体制”下竞技体育人才培养体系的构建，2015，217-220.

[3] 王永明，吴立强．“胡凯”现象对我国竞技体育人才培养的启示 Enlightenment of “Hu Kai” Phenomenon on Training of Competitive Sports Talents in Our Country，2015，03.

[4] 陈宁，卢文云，王永安，等．完善我国高水平竞技体育人才培养“体教结合”模式的研究，2014，40：8-16.

[5] 杭华彬．“省队校办、体教结合”的体育人才培养模式，2013，26：87-89.

[6] 明大阳．我国发展具有区域特色的竞技体育人才政策评析——以《辽宁竞技体育人才培养办法》为例，2013，74-78.

[7] 于晓光，于秀，马艳红．体育院校“体教结合”竞技体育人才培养的熵值及其干预，2013，1-4.

[8] 赵月霞，钟秉枢．“一带一路”国家卓越体育人才培养基地建设研究：以首都体育学院为例，2019，31：336-339.

[9] 易剑东，任慧涛，朱亚坤．中美体育人才培养系统、就业路径的比较研究——从行业·专业·职业匹配与顺应的视角出发，2014，48：5-11.

[10] 李晓冬．建设社会主义新农村进程中高职高专“复合型”体育人才培养模式研究，2012，27：58-59.

[11] 李建设．竞技体育人才培养与管理体制转型的“浙江实践”探索，2012，32：3-13.

[12] 刘青．以创新求是精神全面深化高等体育院校教育综合改革——兼论我校学科专业特色与人才培养目标，2016，42：1-6.

[13] 刘留．由“君子不器”再谈体育教育人才培养的“专”与“通”，2015，37：105-108.

[14] 张小林，徐建波．“体育文化人”人才培养理念假说演化与 CIS 实践——基于地方高校体育人才培养理念创新的实证观察，2011.

[15] 张玉军．关于“专”升“本”后体育人才培养的诌议，2010，71-72.

[16] 李涛，乔培基，张云．试论我国高校体育传播（硕士）学科建设与人才培养，2013，110-113.

[17] 刘波．从“物”到“人”的转变——对我国竞技体育人才培养方式走向的思考，2008，27：16-18.

[18] 周百之．“体＋ X”复合型体育人才培养设想，2008，8-9.

[19] 肖福建，杨慧芬，程飞．职业教育背景下中职学校体育课分项教学的可行性研究．体能科学，2023.

[20] 刘俊．体育选修课、运动队训练、体育俱乐部共同发展模式分析，2015，79-80.

[21] 洪丽丽．体育素质教育与时俱进助推卫校赶超跨越发展——论体育与学校发展，2014，116-116.

[22] 黄祥梅．增强体育课堂的吸引力，培养学生学习体育的兴趣——对一节公开课的再思考，2013，108-109.

[23] 袁丹．中等《体育与健康》教学改革探讨，2011，200-200.

[24] 何坚．中等体育课以“俱乐部制”为教学模式的探讨，2007，60-61.

[25] 周先鸿．发挥课程价值坚持全面育人——中等《体育与健康》心理健康效应谈，2005.

[26] 周仲余．体育“有效教学”模式的实践与研究，2014，6-7.

[27] 姚贵平．中等《体育与健康》教材建设的思考，2010，82-83.

[28] 陈丽萍．中等开设“体育选项课程”的可行性分析，2015，240-240.

[29] 王增．基于《中等教师专业标准（试行）》背景下的体育教师教学定位再思考——以枣庄技师学院为例，2014，83-84.

[30] 何欣蓉．舞蹈专业教育人才培养与课程体系构建研究．教育科学发展，2019.

[31] 王长权，查萍，郎健．新“举国体制”下竞技体育人才培养体系的构建，2015，217-220.

[32] 罗振华，贺建，潘海泽，等．创新人才培养体系的构建——以工程管理专业“教学与学科竞赛一体化”为例，2016，42：305-308.

[33] 熊飞，张芸．“大部制”与竞技体育后备人才培养体系的构建——以新疆生产建设兵团为例，2014，18：38-43.

[34] 戴健，张林，马志和等 . 江、浙、沪地区高水平竞技体育后备人才培养现状与发展对策研究，2004, 24：13-16.

[35] 杨钢，姜彩楼，静铁 . 陕西省体育运动学校（地、市级）体育后备人才培养现状调查与发展对策研究，2006, 23：54-56.

[36] 黄汉升，陈作松，王家宏，等 . 我国体育学类本科专业人才培养研究——《高等学校体育学类本科专业教学质量国家标准》研制与解读，2016, 36：3-33.

[37] 刘毅，孙思哲 . 全面建设小康社会进程中“复合型”体育人才培养模式研究，2005, 25：32-35.

[38] 马连鹏，文锋 . 竞技体育后备人才培养过程中“早期专项化训练”的应用研究，2016, 35：35-38.

[39] 孙正，王建 . 安徽省“体教结合”培养竞技体育后备人才现状调查与对策研究，2011, 25：69-72.

[40] 王喆 . 上海市体教结合方针下体育人才“一条龙”培养模式研究，2014, 57-58.

[41] 弥军民 . 教改背景下我国高校体育人才培养研究 . 现代教育探索，2020.

[42] 姜锐，鲁晓琦 . 基于“学徒制培养模式”的高职人才培养质量评价体系研究，2015, 54-56.

[43] 朱平 . 高职与本科“3 ＋ 2”分段人才培养质量评价体系构建，2014, 61-63.

[44] 刘涛，李吟龙，江泉 . 高职院校“2 ＋ 1”人才培养模式下顶岗实习管理工作评价指标体系研究，2016, 35：255-257.

[45] 余艳艳，赵亮 . “校企联动、知行一体”的人才培养模式探索与实践——以合肥经济技术职业学院市场营销专业为例，2016, 239-240.

[46] 戈志强 . 创新人才培养模式提升职教办学质量——关于校企合作办学工作的实践与思考，2010.

[47] 杨成田 . 浅析中等“工学结合”人才培养模式，2011, 31-32.

[48] 姚俏梅 . 中等“现代学徒制”人才培养模式研究——以高星级饭店运营服务与管理专业为例，2016, 274.

[49] 陈耕，颜学华 . 中等“园校互动，校企融合”人才培养模式的研究与实践，2016, 56-60.

[50] 李汝珍 . 理事会体制下“厂中校”人才培养的探究与实践——以广西职业技术学院为例，2016, 29-31.

[51] 盛丽梅，徐兵，胥加美 . 区属高职院校“三方合作，做学一体”人才培养模式的探索

与实践——以苏州信息职业技术学院为例，2015，69-72.

[52] 张红，孙盛雅．“团、校一体”构建艺术类中等人才培养模式，2011，24-25.

[53] 黄火俊．在体育教学中如何培养学生的“亮剑”精神，2010，180-182.

[54] 杨成田．浅析中等“工学结合”人才培养模式，2011，31-32.

[55] 谢宗勇．休闲体育专业“O2O”校企一体人才培养模式的构建——以重庆电信职业学院为例，2016，189-189.

[56] 乔会亮，尹翠娜．中等职业教育学校“双师型”教师人才队伍建设中的问题与对策，2015，10-11.

[57] 余艳艳，赵亮．“校企联动、知行一体”的人才培养模式探索与实践——以合肥经济技．